新
悦

遇见智识与思想

失落文明系列简介

本系列丛书意图探索伟大的古文明的兴衰和古代世界人们的生活。每本书不仅涉及所述文明的历史、艺术、文化和延续至今的影响，还试图解释它们与当代生活的联系以及在当代社会中的重要意义。

该系列已出版

《古希腊人：在希腊大陆之外》
　　［英］菲利普·马特扎克（Philip Matyszak）

《六千零一夜：关于古埃及的知识考古》
　　［英］克里斯蒂娜·里格斯（Christina Riggs）

《从历史到传说：被"定义"的哥特》
　　［英］戴维·M.格温（David M. Gwynn）

《携带黄金鱼子酱的居鲁士：波斯帝国及其遗产》
　　［英］乔弗里·帕克（Geoffrey Parker）
　　［英］布兰达·帕克（Brenda Parker）

即将出版

《蛮族世界的拼图：欧洲史前居民百科全书》
　　［波］彼得·柏迦基（Peter Bogucki）

《众神降临之前：在沉默中重现的印度河文明》
　　［英］安德鲁·鲁宾逊（Andrew Robinson）

《伊特鲁里亚文明》
　　［英］露西·希普利（Lucy Shipley）

THE PERSIANS

携带
黄金鱼子酱的
居鲁士

Geoffrey Parker
Brenda Parker

［英］乔弗里·帕克
布兰达·帕克 | 著

刘翔 | 译

波斯帝国
及其遗产

中国社会科学出版社

审图号：GS（2020）5579号
图字：01-2020-2122号
图书在版编目（CIP）数据

携带黄金鱼子酱的居鲁士：波斯帝国及其遗产 /
（英）乔弗里·帕克，（英）布兰达·帕克著；刘翔译.
—北京：中国社会科学出版社，2020.12
书名原文：The Persians
ISBN 978-7-5203-6871-1

Ⅰ.①携… Ⅱ.①乔… ②布… ③刘… Ⅲ.①文化史
—研究—波斯帝国 Ⅳ.①K124.4

中国版本图书馆CIP数据核字（2020）第132535号

The Persians: Lost Civilizations by Brenda Parker, Geoffrey Parker was first published by Reaktion Books, London, UK, 2016 in the Lost Civilizations series.
Copyright © Brenda Parker, Geoffrey Parker 2016
(The simplified Chinese translation rights arranged through Rightol Media Email:copyright@rightol.com)
Simplified Chinese translation copyright 2020 by China Social Sciences Press.

出 版 人	赵剑英	
项目统筹	侯苗苗	
责任编辑	侯苗苗	桑诗慧
责任校对	周晓东	
责任印制	王 超	

出　　版	中国社会科学出版社
社　　址	北京鼓楼西大街甲 158 号
邮　　编	100720
网　　址	http://www.csspw.cn
发 行 部	010-84083685
门 市 部	010-84029450
经　　销	新华书店及其他书店

印刷装订	北京君升印刷有限公司
版　　次	2020 年 12 月第 1 版
印　　次	2020 年 12 月第 1 次印刷

开　　本	880×1230　1/32
印　　张	9
字　　数	176 千字
定　　价	75.00 元

凡购买中国社会科学出版社图书，如有质量问题请与本社营销中心联系调换
电话：010-84083683

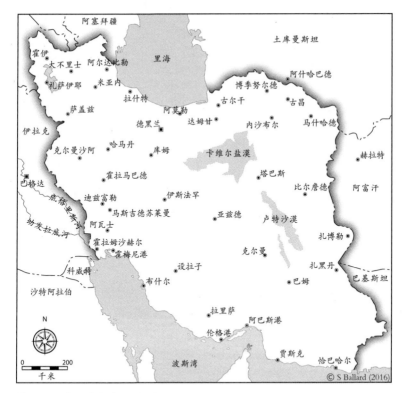

地图 1　伊朗及中东地区自然地图

（注：本书地图系原书所附。）

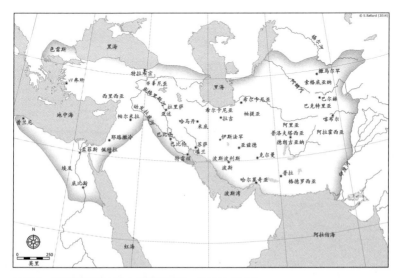

地图 2　波斯帝国领土最大时期疆界图，公元前 526 年

（注：本书地图系原书所附。）

失落与再现

波斯古代文明的历史可以追溯到公元前一千纪，20世纪30年代，波斯正式更名为伊朗。然而，尽管波斯地理位置较亚洲其他地区更接近欧洲——古波斯人与古希腊人、古罗马人的关系时而亲密、时而对立，但这些却并不为人所熟知。几个世纪以来，学者们试图从波斯诗人作品中收集材料，例如爱德华·菲茨杰拉德（Edward Fitzgerald）翻译的欧玛尔·海亚姆（Omar Khayyam）的《鲁拜集》（*Rubaiyat*），但是这些材料通常被视为神秘的东方趣事。

这种情况很常见，因为在欧洲历史的大背景下，波斯被认为是"另一种亚洲文明"，它同欧洲发展与文化的基础——古希腊—罗马文明相比，有很大的差异。在这种背景下，"他者"是一种很大程度上不为人知的东西，常会令人感到不安，甚至被认为具有危险性。纵观历史，"他者"经常与欧洲国家发生冲突。大约在公元前一千纪中叶，波斯成为第一个承担"他者"角色的国家，正是波斯人的敌人——希腊人，第一次向欧洲传达了波斯人与欧洲人是如此与众不同的提示。

公元7世纪，随着伊斯兰教的传入，东方作为"他者"的观念开始复兴，并且加入了宗教方面的因素。整个伊斯兰世界都被视为同类，其中当然包括波斯。

许多个世纪之后，早期的欧洲航海家开辟了通往东方的航线，他们发现了一条绕过非洲南部好望角到达印度的线路。结果，到了16世纪，在欧洲人心目中一直是"东方"的中东地区变成了一潭死水，他们不得不将注意力进一步东移。直到1868年苏伊士运河开通，情况才再次发生变化，新的地中海—红海航线向东延伸，使欧洲人重新燃起了对这个地区的兴趣。然而，对于当时主要与南亚和东亚进行贸易的欧洲人来说，中东只是整条航线中经行的一小部分，因此他们对中东的兴趣并不是非常大。19世纪后期，包括波斯在内的中东地区，在欧洲人建立的新的帝国体系中只扮演了次要角色。

20世纪早期，内燃机的发明改变了一切。至20世纪中叶，内燃机取代了大多数现有的交通工具。石油是驱动这种新引擎的燃料，虽然最初石油供应来自许多不同的地方——其中俄罗斯南部是石油的主要产地，但是石油开采量远远不能满足石油消耗量。因此，大规模石油勘探工作开始进行，不久勘探者就在中东地区发现了大量石油。

英国的石油勘探者最先在波斯发现了油田，随即建立盎格鲁－波斯（Anglo-Persian），也就是后来的盎格鲁—伊朗（Anglo-Iranian）石油公司。这家公司在伊朗南部海岸阿巴丹（Abadan）建造了一座大型炼油厂，不久便将成品油运回英国。

随着石油的发现，欧洲各国重新燃起对波斯的兴趣。石油资源对英国维持帝国统治至关重要。为了维护自身利益，英国必须继续在伊朗开采石油，这意味着它必须把伊朗牢牢地控制在自己手中，并将其纳入自己的势力范围。与此相关，越来越多的人开始对波斯语产生兴趣，人们也因此试图了解波斯的历史、传说及文学作品，即使可能并不是真正理解。虽然这个国家从来都不是大英帝国的一部分，但其迅速被纳入大英帝国的势力范围。古代最伟大的帝国成为现代世界疆域最大帝国的一小部分。

20世纪大部分时间，英国都掌控着伊朗直到伊斯兰意识形态复兴。即使美国取代英国成为中东地区的主导力量，但伊朗仍然是英国主要的石油供应国。1980年，伊朗伊斯兰共和国成立，伊朗开始摆脱西方的控制。伊朗伊斯兰共和国不但一开始就对西方国家怀有敌意，而且立即表现出再次成为某种意义上世界强国的雄心。至21世纪，这种雄心甚至包括成为一个拥有核武器的国家。这一切都给西方国家带来一种新的威胁，在他们看来，伊朗已经成为西方国家主导的世界秩序中能够构成威胁的力量。

尽管这个新伊朗仍然是广大伊斯兰世界的一部分，伊斯兰世界也因为自身面临的挑战而日益分裂，但不可否认，伊朗再次处于独一无二的位置。它不但拥有自己独特的文化属性——有别于中东其他地区占主导地位的阿拉伯文化，而且还发展出了自己独特的伊斯兰教观点。什叶派观点从未被占统治地位的逊尼派阿拉伯人所接受，这让伊朗与它的邻居们迥然不同。这个国家的大多数英雄人物都可以追溯到前伊斯兰时代，有些甚至可以追溯到该国的早期文明。其中很多因素都被伊斯兰共和国重新发现，并纳入其独特的国家结构当中。

这本书旨在研究伊朗的古代文明，并论述古代文明的记忆如何持续到当代。"失去"的记忆在历史中曾一次又一次被"再现"，并为当今国家打下烙印。

大事年谱

公元前 587 年	巴比伦王尼布甲尼撒二世占领耶路撒冷，犹太人沦为巴比伦战俘的开始
公元前 550 年	安善的冈比西斯一世之死及其继任者居鲁士二世
公元前 528 年	乔达摩·悉达多创建佛教
公元前 521 年	大流士一世接替居鲁士
公元前 457—前 429 年	伯里克利治下雅典的黄金时代
公元前 431 年	雅典与斯巴达爆发伯罗奔尼撒战争
公元前 332 年	亚历山大大帝建立亚历山大城
公元前 331 年	亚历山大大帝击败大流士三世并征服波斯帝国
公元前 270 年	罗马征服意大利
公元前 221 年	秦始皇建立秦帝国
公元前 146 年	罗马击败并摧毁迦太基
公元 27 年	罗马帝国建立

公元 29 年	拿撒勒人耶稣被钉死在十字架上
公元 116 年	罗马皇帝图拉真征服美索不达米亚
公元 226 年	伊朗萨珊王朝
公元 313 年	罗马皇帝君士坦丁接受基督教
公元 320 年	笈多王朝统一印度北部
公元 330 年	君士坦丁堡——建立在拜占庭旧址上的罗马帝国首都
公元 360 年	匈人入侵欧洲
公元 395 年	罗马帝国的东西分治
公元 476 年	蛮族征服西罗马帝国
公元 610 年	伊斯兰教的开端
公元 642 年	阿拉伯人在尼哈万德战役中击败波斯军队
公元 771 年	查理曼尼（查理曼大帝）成为法兰克国王，神圣罗马帝国的奠基人
公元 850 年	北欧人留里克成为基辅的统治者
公元 1096 年	第一次十字军东征以及耶路撒冷基督教王国的建立
公元 1206 年	德里苏丹国的建立；蒙古首领铁木真尊号成吉思汗，开始向西征服；元朝建立，一直统治到 1368 年
公元 1290 年	奥斯曼帝国的建立

公元 1368 年	蒙古统治者的失败以及明朝的建立
公元 1380 年	帖木儿征服波斯
公元 1421 年	在航海家亨利的带领下，葡萄牙人开始探险之旅
公元 1453 年	君士坦丁堡落入奥斯曼帝国之手并成为奥斯曼帝国首都
公元 1526 年	印度莫卧儿帝国建立
公元 1707 年	奥朗则布去世，莫卧儿帝国开始瓦解
公元 1739 年	波斯人纳迪尔沙入侵印度、洗劫德里，并把孔雀王座带回波斯，成为国王的新象征
公元 1757 年	普拉西战役的胜利使大英帝国成为印度北部的主要力量
公元 1858 年	印度第一次独立战争（印度兵变）导致英国王室接管东印度公司
公元 1869 年	苏伊士运河的开通重新燃起英国对中东地区的兴趣
公元 1876 年	维多利亚女王成为印度女皇；英国成为南亚的主导力量
公元 1900 年	义和团运动在中国爆发，英、俄、德等列强控制中国大部分领土
公元 1908 年	建立盎格鲁—波斯石油公司

公元 1914—1918 年	第一次世界大战导致 19 世纪统治欧洲和中东的德意志帝国、奥匈帝国、沙皇俄国和奥斯曼帝国的灭亡。英国和法国成为中东的主导力量
公元 1922 年	苏联成立
公元 1925 年	礼萨·沙在伊朗建立巴列维王朝
公元 1931 年	日本入侵满洲，最终导致日本对中国的进一步侵略
公元 1939—1945 年	第二次世界大战产生了两个超级大国——美国与苏联。在 20 世纪余下的大部分时间里，他们主宰了世界舞台
公元 1943 年	德黑兰作为英、美、苏"三巨头"首次会面的地点
20 世纪 50—60 年代	中东地区沦为英法半殖民地的国家获得独立
公元 1972 年	伊朗举行盛大仪式，试图复兴古代帝国
公元 1980 年	伊朗伊斯兰共和国建立，两伊战争爆发
公元 1991 年	苏联解体
公元 2001 年	纽约世贸中心被摧毁导致中东冲突爆发，以美国为首的西方联盟先后入侵阿富汗与伊拉克

图 1　苏萨大流士一世宫殿中的弓箭手图像，马赛尔·迪乌法罗于 1885—1886 年发掘

图2 贾姆希德国王的肖像画，上面有波斯卡扎尔王朝（Qajar dynasty）米尔·阿里（Mihr Ali）的题记，1803 年

目　录

第1章
起源：土地与人民

公元前 2000 年，古代波斯人迁入位于中亚大平原西部及南部边缘的山区地带。这片土地从欧洲延伸到东亚，大多数区域由两个或两个以上巨大山脉构成，这些山脉之间则被高原分隔开来。在波斯人占领的区域，山脉通常是由西向东延伸。波斯北部主要山脉是厄尔布尔士山脉（Kuhha-ye Alborz），是从安纳托利亚一直延伸到阿富汗一系列山脉中的一部分。该山脉最高峰位于里海南部，被称为达马万德山（Mount Damavand），海拔 5601 米，达马万德山同时也是中东地区最高的山峰。厄尔布尔士山脉是波斯北部的天然屏障。

扎格罗斯山脉（Kuhha-ye Zagros）位于厄尔布尔士山脉南部，两山之间是高原地带。这是一系列复杂的山脉，许多山峰海拔超过4500 米，山间高原海拔则在 1000—1500 米。其中最重要的是古鲁德山（Kuhha-ye Qohrud），它将东部沙漠地区与该国其他区域分隔开来。扎格罗斯山脉北部的西南边缘是美索不达米亚盆地，底格里斯河与幼发拉底河流经该地，这里的地势较伊朗其他地方低得多，因此气候、环境等各方面差异很大。

伊朗的气候属于大陆性气候，每年有相当多的极端温度，大多数区域降雨量少。伊斯法罕（Esfahan）[1]——位于地理中心位置的前首都，地处扎格罗斯山以北，海拔 1773 米，整个冬季的平均

---

[1] "伊斯法罕"一名源自波斯语"斯帕罕"，意思是"军队"，古时这里曾是军队的集结地，由此而得名；作为伊朗最古老的城市之一，伊斯法罕建于阿契美尼德王朝时期，曾多次成为首都。本书脚注若无特殊标注，则为译者注。

气温在0℃以下，而到了夏季，气温则会上升到30℃以上。年降雨量108毫米，6—9月无降水。现在的首都德黑兰[1]，位于厄尔布尔士山南侧，海拔1220米，冬季平均气温在0℃以下，夏季气温则在30℃以上。伊斯法罕与德黑兰冬夏季的温度区间相似，但德黑兰的年降雨量达250毫米，远高于伊斯法罕，且每个月都有降水记录。

伊朗气候统计

伊斯法罕气候（海拔1773米）

月份	温度（℃）		最高纪录	最低纪录	月平均降雨量（毫米）
	每日平均				
	最高	最低			
一月	8	−4	18	−19	15
七月	37	19	42	9	0

德黑兰气候（海拔1220米）

月份	温度（℃）		最高纪录	最低纪录	月平均降雨量（毫米）
	每日平均				
	最高	最低			
一月	7	−3	18	−21	46
七月	37	22	43	15	3

----

[1] 德黑兰在历史上称为"拉伊"（Ray），这一词在语源上与古波斯语及《波斯古经》里的刺伽（Rhaga）有关系。刺伽是说伊朗语的米底人及阿契美尼德人的活跃地区。

阿巴丹气候（海拔2米）

月份	温度（℃）				月平均降雨量（毫米）
	每日平均		最高纪录	最低纪录	
	最高	最低			
一月	17	7	25	−3	38
七月	44	28	50	23	0

　　一般来讲，中部高原地区大陆性气候特征表现得最为明显，即较少的年均降雨量与极端温度的出现，而临近里海的北部地区及临近波斯湾的南部地区降雨量较大，气温变化较缓和。高原的中心由北部的卡维尔盐漠（Dasht-e Kavir）和东部的卢特沙漠（Dasht-e Lut）组成，由于被北部和南部的山脉包围，该地区是世界上最干旱的区

图3　达马万德山是伊朗和整个中东最高的山

域，长期处于完全干旱和猛烈的沙尘暴之中。扎格罗斯山脉以西的美索不达米亚地区与该区相比，气候差异较大，极端温度区间小得多。

伊朗的自然植被种类多样。山脉周围的低地是草原，高山上则是典型的高山植被。由于伊朗高原中心大部分区域是沙漠和半沙漠，所以几乎没有自然植被。而伊朗北部里海沿岸地区，降雨量最大，因此形成了地中海式的常绿森林。

这些地貌和生物—地理特征的多样性表明里海和波斯湾之间的土地适合人类生存，因此公元前 2000 年，北部的移民在南迁时决定定居于此。他们所处的自然环境条件极大地影响了之后社会的发展。

人民

数千年来，人类在伊朗大地上繁衍生息，从未间断。当伊朗的原始牧民还在山区和高原游牧时，西边的美索不达米亚盆地已经发展起更先进的社会，这是最初的文明；城市定居者创建了一种更加精致复杂的生活方式，建立了固定的定居点，种植庄稼，改良金属器。在现在的胡齐斯坦（Khuzestan），即原始牧民与定居者的边界地带，住在这一地区的城市定居者是当时最为先进的社群之一。这些人是埃兰人，他们将自己的领土从平原扩展到山区，从山区获取铁，并将其交易到东方。埃兰人的首都是苏萨，他们以此为根据地进而控制了美索不达米亚大部分区域。他们还与苏美尔人、该地区其他城市建立了牢固的贸易关系。到公元前两千纪，巴比伦成为美索不达米亚的主要城市，并逐步建立了帝国。最终，埃兰人被纳入美索不达米亚的政治体系中，成为巴比伦帝国的一部分。

公元前两千纪，先进的美索不达米亚城市文明受到来自亚洲中部的新移民的影响，在历史上被称为"Völkerwanderung"——民族大迁徙——这一过程持续了几个世纪。这种大规模的迁徙可能是缘于移民原始居住地的自然或人文环境发生变化，包括气候恶化及人口压力等问题。这些新移民主要来自草原地区——从东欧到东亚横跨欧亚大陆的温带草原，他们主要是游牧人群及畜牧人群。气候条件的变化和降雨量的减少促使他们离开故土，寻找自然条件更好的土地。

这种大规模的游牧迁徙致使部落之间发生冲突，最终会导致更多的人不得不离开故土，寻找新的家园。

这些移民与中东的本土居民相比各方面差异都很大，他们被称为"雅利安人"（Aryans），这个词在梵文中的意思是高贵的血统。雅利安人的迁徙遍布各地，但总的趋势是向南移动。有的理论认定他们最初都是同一民族，但这一理论是建立在一系列条件之上的。其中最重要的是语言学家的发现，他们认为迁往欧洲、印度、中东的移民其语言具有很大的相似性。¹ 现在学界普遍认为，迁往南方的雅利安人最初居住在乌拉尔山以西和黑海以北地区，也就是今天的乌克兰和俄罗斯南部区域。²

这些迁徙到中东的新移民中，最重要的是米底人和波斯人，他们很可能是沿着里海西岸或东岸，穿过山区。已经有研究表明，大量的移民首先在今伊朗的乌尔米亚湖（Lake Urmia）附近定居。在这里，他们与亚述帝国有了接触——一个强大而高度发达的国家，中心位于美索不达米亚北部。不久，新移民归顺了亚述帝国。当波斯人向东迁移时，米底人在伊朗西部巩固了自己的地位。公元前 8 世纪，米底人已经在伊朗高原边缘及扎格罗斯山以北的埃克巴塔纳（Ecbatana）[1]建立了一个强大的国家。公元前 612 年，米底人联合巴比伦人攻打亚述首都尼尼微（Nineveh）[2]，并在几年后就击败了亚述帝国。不久，米底人开始统治当时已经在东边安稳下来的波斯人。波斯人无奈之下继续向东迁移，远离中东主要冲突区，在扎格罗斯山以北地区扎下脚跟。公元前一千纪初，帕尔斯（Pars）[或法尔斯（Fars）]成为波斯人定居的主要区域，这里同时也是他们将要创建的国

---

[1] 埃克巴塔纳，即伊朗哈马丹。位于伊朗高原西南，是高原通往两河的交通要道。
[2] 尼尼微，西亚古城，是早期亚述、中期亚述的重镇和亚述帝国都城，最早由古代胡里特人建立，其址位于现在伊拉克的北部尼尼微省底格里斯河的东岸，隔河与今天的摩苏尔城相望，意为"上帝面前最伟大的城市"。

家中心。尽管迁移活动仍在继续，但他们开始将帕尔斯视为自己的家园。帕尔斯在波斯人的情感中始终占有非常特殊的地位。"波斯"（Persia）这个名称就是从"帕尔斯"演变而来的，早期欧洲人也用这个名字来称呼波斯。

随着时间的推移，在波斯人定居的土地上出现了两个权力中心，一个是帕尔斯，另一个是西边的安善（Anshan）。这种权力的分裂源于公元前 7 世纪中叶，当时有两个人争夺王位，但其中一位未能继承王位，国家就此分裂。当分裂的局势结束，波斯重新统一，这个新建立的更加强大的国家，对整个中东地区产生了深远的影响。

图 4　厄尔布尔士山在伊朗北部形成一道难以逾越的屏障

第 2 章

阿契美尼德王朝

大约在公元前 700 年，阿契美尼德人以祖先阿契美尼斯之名建立了阿契美尼德王朝，该王朝不久即分裂为安善与帕尔斯两个王国。公元前 559 年，冈比西斯一世（Cambyses I）之子居鲁士登上王位，统治安善及帕尔斯王国，成为波斯世界毫无争议的统治者。他是安善王国居鲁士一世的孙子——居鲁士二世。居鲁士二世在建立第一个波斯帝国过程中扮演了极其重要的角色，因此历史上称他为居鲁士大帝。

居鲁士开始在其统治下通过扩张权力组建新的国家，并以这种方式从米底王国统治下获得更大的自由。不久，米底人就发现波斯在新国王统治下发生的变化，他们开始警觉。米底人意识到，必须立刻展开行动把波斯人牢牢地踩在脚下，必须让居鲁士明白，米底才是中东真正的霸主。我们可以从一块古代巴比伦楔形文字编年史泥板上了解到，米底国王阿斯提亚戈斯（Astyages）召集军队，向安善之王居鲁士宣战。

米底人的军队穿过安善，直接深入帕尔斯，他们在扎格罗斯山脚下的帕萨尔加德遭遇居鲁士军队。米底人长途跋涉、舟车劳顿，波斯人则是以逸待劳，所以波斯大军最终在此击败米底大军，米底人开始撤退。居鲁士乘胜追击，一路穷追猛打，直到包围了米底人的首都埃克巴塔纳（Ecbatana），迫使米底人缴械投降。

安纳托利亚西部吕底亚王国[1]统治者克洛伊索斯（Croesus），观察到该区地缘政治形势的迅猛变化，决定利用乱局从中获利。公元前547年，克洛伊索斯派军入侵米底，试图取代米底掌握该地区的统治权。居鲁士当然不允许这样的事情发生，因此他率军从埃克巴塔纳西进，在安纳托利亚中心普特利亚（Pteria）与吕底亚军队交锋；吕底亚人很快败下阵来，居鲁士继续西进，就像攻打米底人一样，包围吕底亚首都萨狄斯（Sardis），吕底亚人很快便投降，这也直接导致吕底亚王国解体，整个安纳托利亚落入波斯人的手中。更重要的是，包括爱琴海东岸的爱奥尼亚[2]等希腊城邦，也不断被阿契美尼德帝国侵吞。这是一个具有特殊意义的历史事件，其结果是希腊人第一次直面波斯人。从此，希腊人与波斯人的争斗成为世界历史上的重要事件。

此时，在居鲁士的统治下，波斯完全进入帝国模式，新帝国的扩张计划按部就班地进行，几乎未被中断。公元前541年，居鲁士率领军队进入动荡不安的中亚地区。他的目标是平定里海东岸的局势（这里是草原游牧民族向南迁徙的必经之路），从而达到巩固北部边境的目的。他向北进军，占领了阿姆河（Oxus）与

---

[1]　小亚细亚中西部古国（公元前1300年或更早—前546年），靠近爱琴海，位于当代土耳其的西北部，语言为印欧语系—安纳托利亚语。
[2]　爱奥尼亚是古希腊时代对今天土耳其安纳托利亚西南海岸地区的称呼，即爱琴海东岸的希腊爱奥里亚人定居地。

锡尔河（Jaxartes）之间的低地。他将波斯帝国的边境推至锡尔河流域，并在此修建防御工事以抵御北方游牧部落侵扰。这次军事行动是波斯第一次入侵美索不达米亚内陆——也被称作河中地区（Transoxiana）——波斯人在之后经常活跃的地区[1]。这也是波斯人向东进入亚洲腹地的主要通道之一。

居鲁士的征服之路仍在继续，他将矛头指向西边的巴比伦。长久以来，巴比伦一直都是西亚地区最大的城市，也是城市文明的主要中心。这里深深地吸引着北方游牧部族的目光。历史上，巴比伦曾经统治美索不达米亚，但它在无能的拿波尼度（Nabonidus）国王及其儿子贝尔沙·乌苏尔（伯沙撒）（Bel-Shar-Usur）（Belshazzar）统治期间变得越发动荡。公元前 540 年，居鲁士进军巴比伦，并在欧皮斯战役（Opis）中击败巴比伦人。他给予巴比伦的城市文明极大尊重，政府官员留任，宗教活动延续。巴比伦的附属国也被纳入居鲁士帝国的统治中，其中包括地中海东部的腓尼基[2]，这使波斯

---

[1] 即"中亚河中地区"，指中亚锡尔河和阿姆河流域以及泽拉夫尚河流域，包括今乌兹别克斯坦全境和哈萨克斯坦西南部。

[2] 古代腓尼基大约相当于今黎巴嫩地域，"腓尼基"一词原意为紫红色，源于此地出产的一种紫红色颜料。腓尼基的地域北起苏克苏、南至阿克、东起黎巴嫩山、西至地中海。原住民为胡里特人，约公元前 3000 年起，迦南人迁入，同化了当地的原有居民。古代的腓尼基并非指一个国家，而是整个地区。腓尼基从未形成过统一国家，城邦彼此林立，以推罗、西顿、乌加里特等为代表。腓尼基的历史大致可以分为两个部分，第一阶段称埃及时代，公元前 2800—前 1200 年；第二阶段是腓尼基的兴盛时期，公元前 1200—前 800 年。

人在之后掌握了海上作战的能力。此外，居鲁士另一个重要的举动是释放"巴比伦之囚"，允许犹太人返回故土，重建被巴比伦人摧毁的耶路撒冷圣殿。[1]

　　依靠这些征服活动，居鲁士在短短 25 年内，就将他继承的小国变成了从地中海到中亚，由里海到波斯湾的大帝国。此时，居鲁士清楚地意识到，无休止的征伐是远远不够的，为了更有效地管理已经征服的广大领土，必须要建立一个运转有效的政府系统。于是，波斯帝国被划分为很多个省，每个省由一名总督管理。根据希腊历史学家希罗多德（Herodotus）记载，波斯帝国一共被划分为 20 个省，其中大部分是在帝国的附属国基础上建立的。除此之外，还需要建立一个都城，以便更有效地统治如此庞大的帝国，保卫帝国边疆。苏萨[1]因此被选为帝国的"前锋"都城[2]，它原先是埃兰人的主要城市，位于扎格罗斯山西部，直对美索不达米亚。苏萨是一座朝向西方的都城，暗含当时波斯帝国扩张的主要方向；交通便利，是波斯御道的终点（波斯御道[2]是波斯帝国的主轴，最初是从苏萨通往萨

---

[1]　苏萨是一座古老的城市，公元前 7000 年，该地就有人类聚集居住的迹象，并可能在前 4000 年建城。发掘出土的彩陶文化定年，可以上溯至公元前 5000 年。历史上，苏萨是埃兰王国的都城，它的名字可能源自当地语言。苏萨曾受到新巴比伦王国的入侵，其后更遭到亚述帝国的暴力洗劫。

[2]　波斯御道是一条古代大道，由波斯国王大流士一世建于公元前 5 世纪；从萨狄斯的西边（今土耳其伊兹密尔东约 96 公里）出发，向东穿过今土耳其的中北部，直到古亚述国的首都尼尼微，再折向南方抵达巴比伦（今伊拉克巴格达）。

狄斯）。然而，在居鲁士眼中，苏萨并非一座完美的都城，更重要的是苏萨并不在波斯本土的核心区域。波斯人最早在帕尔斯定居，并在此处取得了对米底人的伟大胜利，这里是波斯人帝国之路的起点。居鲁士决定将曾经的战场——帕萨尔加德作为政府所在地。于是，他下令在帕萨尔加德建造皇宫、军营及行政场所。因此，苏萨与帕萨尔加德分担了帝国首都的职能，但在波斯人心目中，帕萨尔加德的地位更高。

尽管建造一座与波斯人成就相配的都城需要投入大量的人力、物力，但边境地区也迫切需要守护。因此，居鲁士发现自己不可能完全放弃将军的角色。公元前 530 年，居鲁士再次来到边疆地区，这一次是在北方，与当地凶猛的游牧部落作战。公元前 528 年，在一场战斗中居鲁士不幸身亡[3]，他的遗体被运回帕尔斯，安葬在他第一次战斗的地方。居鲁士大帝的王陵修建在帕萨尔加德，这进一步加强了该地在阿契美尼德帝国的重要性。

居鲁士的继任者是他的儿子——冈比西斯二世（Cambyses II），他致力于延续父亲对帝国的统治策略，并进一步扩张帝国。短暂的六年统治中，冈比西斯二世最重要的成就是征服埃及——这次征服，将阿契美尼德帝国的版图扩展到利比亚，并沿地中海南岸伸展到昔兰尼加半岛（Cyrenaica peninsula）。波斯帝国成为跨越中东和地中海的霸主，与希腊的距离越来越近。希腊诸城邦长期以来主导地中海东部的贸易与政治，对他们来讲，波斯人是非常不受欢迎的入侵者。

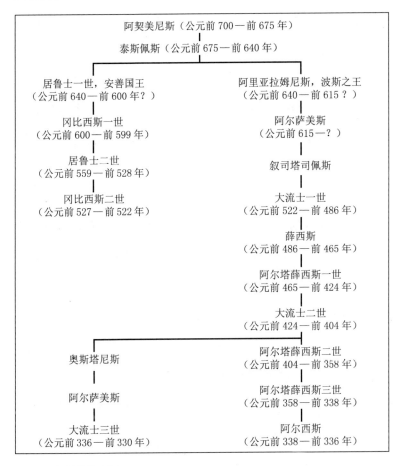

图 5　阿契美尼德王朝

冈比西斯二世英年早逝，也未留下子嗣，波斯王位的继承权引起多方争夺。公元前7世纪早期，安善国王一直继承着尚未统一的波斯王国王位，如今继承权又回到曾经统治帕尔斯分支的国王手中。大流士，阿里亚拉姆尼斯（Ariaramnes）的后代，冈比西斯的远房表亲，成为沙汗沙——万王之王——尊称大流士一世，统治波斯帝国三十余年。与居鲁士相似，大流士也具有军事背景——他是曾经被称为"长生军"[1]的精锐部队指挥官，参与了多次前线军事行动。波斯帝国许多影响深远的后续发展都归功于大流士。

王位继承权的争夺诱发了巴比伦与埃兰的叛乱，但这些叛乱很快就被镇压了。之后，大流士进军东部边境。波斯人打败了阿富汗部落，入侵印度，在印度河建立新的边界。通过对兴都库什山的控制（包括中亚和印度平原之间的山脉），波斯帝国北部及东部边境得以稳固。

大流士在稳固东部边境后开始西征，攻打希腊人。安纳托利亚的爱奥尼亚希腊人早已被并入波斯帝国，但爱琴海的另一端，与

---

[1] 波斯长生军属于精锐的重甲步兵单位。这支部队始终保持在1万人的规模，他们是波斯阿契美尼德王朝军队的核心。波斯长生军曾在居鲁士大帝、冈比西斯和大流士的麾下征战；在和平时期他们则担任波斯皇官的守卫。据希罗多德记载："每个人都金光闪闪，那是他们带着的无数黄金；跟随他们的有盖马车里坐着他们精心打扮的女人和齐整的奴仆；他们还能享用有别于普通军队的特供食品……"

爱奥尼亚海之间的半岛上，则是希腊各大城邦，其中最大且最重要的城邦即是雅典。希腊世界大部分城邦都聚集在雅典周围，形成了一个非官方、无组织的联盟。这些来自爱琴海西部的希腊人鼓励爱奥尼亚希腊人摆脱波斯的统治，获得自由。而这里正是大流士决心稳定的西部边界，要稳定这里，就需要进一步深入地中海。公元前513年，大流士军队使用浮桥越过博斯普鲁斯海峡，开始了亚洲强权在历史上对欧洲的第一次入侵。这个事件揭开了世界史的新篇章。"历史之父"希罗多德记载，波斯军队由700万人组成。虽然这个数字只是希罗多德诸多夸大其词的一个例子，但不可否认的是波斯军队的规模令人生畏。[4]大流士对色雷斯和马其顿的入侵并未受到太大阻力，这也使希腊人处于非常被动的局面。希腊诸城邦向爱奥尼亚希腊人提供援助，鼓励他们奋起反抗波斯霸主，希望借此迫使大部分波斯军队撤回安纳托利亚。

　　爱琴海西边的希腊人是古代史上最后一股未被波斯人击败的力量。为了让波斯成为统治东西方真正的霸主，同时掌握陆权与海权，大流士志在必得——决定直捣希腊世界的中心。[5]波斯人不但利用地中海东岸腓尼基人的航海技术，就连船只都由腓尼基人设计。

　　公元前490年，一支大约由2.5万人组成的军队乘坐600艘战舰横渡爱琴海，他们在雅典以北约39公里处的阿提卡海岸的马拉松[1]登陆。与此同时，雅典与其同盟军北进对抗登陆的波斯军队，希腊人大获全胜；波斯人则损失惨重，不得不撤出爱琴海。这次战役是居鲁士大帝在帕萨尔加德击败米底人后，遭遇的第一次惨败。这证明波斯人强大的陆战能力配不上他们想要在海上称霸的意愿。希腊人的胜利也表明波斯并非不可战胜。

与居鲁士大帝一样，大流士疲于稳定边疆，这是帝国领土扩张所带来的不可避免的结果。与此同时，他还不得不为国家的内部事务分心。大流士在帕尔斯的核心地带——居鲁士第一次（也许是最伟大的一次）取得胜利的地方——帕萨尔加德，为居鲁士建造陵墓。这赋予了帕萨尔加德特殊的意义，同时也巩固了它在波斯人心中的地位。因此，帕萨尔加德成为皇家朝圣、庆典仪式所在地。

居鲁士本人曾希望将帕萨尔加德建设成仪式典礼之都，然而大流士并不希望被居鲁士的光环笼罩。他打算建立属于自己的首都，希望将自己取得的成就与居鲁士的成就相区别，因此他需要一个地方来展示自己统治下波斯的辉煌。这个首都必须建立在帕尔斯，并且要和波斯中心帕萨尔加德相对接近。新都城被称为"帕尔斯"——后来希腊人在希腊化的过程中，将其称为波斯波利斯（Persepolis）。

---

[1] 马拉松平原呈新月形，长9公里，中间最宽处约有3公里，坐落在雅典东北42公里的爱琴海边，面朝阿提克海峡，背后群山环抱。

在马拉松战役中被希腊人击败后，大流士似乎接受了这个事实。爱琴海西部的希腊人保持独立状态，波斯征服欧洲的梦想被摧毁。然而，公元前 486 年，大流士的儿子薛西斯继承王位，薛西斯与父亲的想法不同。大流士以居鲁士为榜样，立志成为一个仁慈的统治者，薛西斯则更愿意利用武力维持国内的秩序。巴比伦起义被残忍地镇压，巴比伦城遭到严重的破坏，往日辉煌不再。作为古代世界最富有的城市，巴比伦的毁灭也使整个波斯帝国陷入贫困。

这位伟大的国王决心解决在今天可能会被称为"西方问题"的问题。希罗多德笔下记载：

> 普天之下，莫非波斯之王土，日照之下，皆为我统……我欲统治全欧，归而为一。[6]

可以推测，这片土地即是波斯，欧洲也应被纳入波斯帝国的版图。薛西斯为与希腊人的下一阶段的战争做了充足准备，这次波斯人部署了拥有压倒性优势的海陆两军。薛西斯原计划派遣波斯陆军通过赫勒斯滂（达达尼尔海峡）进入欧洲，波斯舰队则通过横跨爱琴海为陆军提供给养。

公元前 480 年春，薛西斯带领军队穿过赫勒斯滂，利用浮桥向西通过色雷斯与马其顿，然后南下进入希腊半岛，8 月抵达温泉关（Thermopylae）[1]。波斯军队在温泉关遭到希腊人的顽强抵抗，但希腊人最终寡不敌众，败下阵来。波斯人继续向雅典挺进。雅典城防御薄弱，城墙根本不足以抵挡波斯大军，很快便被波斯军队占领。希腊世界的中心现在已经落入敌军手中，薛西斯似乎完成了大流士未完成的事业，他已经做好了征服欧洲的准备。

　　然而，希腊人并未被打败。雅典的海上力量非常强大，雅典领袖泰米斯托克利斯（Themistocles）[2]曾经强调，只有雅典及其盟友建立一支强大的舰队，才能确保希腊人免受波斯的威胁。雅典城被攻陷后，雅典舰队及其盟友支援的船只毫发未损地停留在萨拉米斯海峡（Straits of Salamis），波斯舰队此时正驶向这片狭窄的海域。两方舰队狭路相逢，战斗变成了肉搏战。事实证明，轻装上阵的波斯人根本不是全副武装的希腊重装步兵的对手，这场遭遇战对波斯来说是一场彻头彻尾的灾难。战争结束后，只有少数的波斯战舰没有受损，波斯人损失惨重。（希腊剧作家埃斯库罗斯[3]本人也参加了这场战斗，后来他在自己的剧作《波斯人》（*The Persians*）中描述

───────────

［1］　温泉关位于希腊东部爱琴海沿岸。古时此地背山靠海，地势极为险要，当代因泥沙淤积，形成宽1公里以上的海岸地带。地名源自当地的热硫泉。

［2］　泰米斯托克利斯出身名门，公元前493—前492年当选为雅典首席将军，在公民大会上通过海洋纲领，建设雷埃夫斯军港，扩建海军。

［3］　Aeschylus，公元前525年出生于希腊，公元前456年去世。他是古希腊悲剧诗人，有"悲剧之父""有强烈倾向的诗人"的美誉。代表作有《被缚的普罗米修斯》《阿伽门农》《复仇女神》等。

了战斗场景。国王与他的军队在海岸上目睹了眼前的一切，深感沮丧。薛西斯失去了进一步征服的勇气，下令立即撤退。英国军事历史学家乔弗里·里根（Geoffrey Regan）认为，波斯人在最初将这场战役视作一场体育竞赛，是征服希腊与欧洲精彩的开幕式。[7] 然而，海战并不是波斯人所熟知的运动，波斯人没有征服希腊，更别说欧洲了。

在地中海这样一个海洋环境中，陆军根本无法与海军抗衡。里根后来将波斯军队从雅典向北撤退到赫勒斯滂与拿破仑从莫斯科撤退相提并论。同样，萨拉米斯可与特拉法尔加（Trafalgar）[1] 相比，在特拉法尔加，战无不胜的陆军无法在海战中发挥优势。当波斯大军向北撤退准备打道回府时，遭到了希腊人的袭击，再加上疾病流行与食物短缺，最终回到波斯本土的军队只是原先波斯大军出征时一个悲哀的影子，波斯舰队实际上已经覆灭了。

第二年，一支规模相当大的波斯军队在普拉塔亚（Plataea）被雅典人彻底击败，这支军队曾驻扎于希腊，本打算重整旗鼓，继续

---

[1]　特拉法尔加海战是英国海军史上的一次最伟大胜利，英法此战中的指挥者正是一对历史上最著名的对手——具有传奇色彩的英国海军中将纳尔逊和法兰西主帅维尔纳夫。1805 年 10 月 21 日，双方舰队在西班牙特拉法尔加角外海面相遇，决战不可避免，战斗持续 5 小时，由于英军指挥、战术及训练皆胜一筹，法兰西联合舰队遭受决定性打击，主帅维尔纳夫被俘。英军主帅纳尔逊也在战斗中阵亡。此役之后法兰西海军精锐尽丧，从此一蹶不振，拿破仑被迫放弃进攻英国本土的计划。而英国海上霸主的地位得以巩固。

战斗。此时的波斯人已经不再试图通过征服希腊完成对古代世界的统治，他们征服欧洲之梦已断。公元前465年，薛西斯被他手下的一位大臣刺杀。此后，阿契美尼德帝国又持续了150年，经历6位帝王的统治，却一直无法恢复往日的荣光。

薛西斯的儿子，王位继承人——阿尔塔薛西斯一世（Artaxerxes I），为帝国未来定下基调。他杀掉了所有反对他的兄弟，迎娶了自己的妹妹。边境上的动乱导致波斯帝国第一次丧失领土。爱琴海东岸的希腊城邦爱奥尼亚完全独立，并彻头彻尾地融入希腊世界。

阴谋、腐败、欺诈及谋杀成为波斯宫廷生活的常态。阿尔塔薛西斯三世谋杀了大部分王室成员，目的是除掉任何潜在的竞争对手，而他最终却被自己的首席大臣谋杀。政治和道德的沦丧丝毫未减，帝国的疆域持续萎缩。随着埃及的沦陷以及与希腊人战争的失败，波斯实际上不再是地中海区域的强国，其在古代世界的影响力不断削减。

阿契美尼德帝国的末代君主是大流士三世，他在公元前336年接替阿尔西斯（Areses）继承王位。阿尔西斯是一个傀儡皇帝，与诸多先王一样死于谋杀。大流士三世是大流士二世的曾孙。大流士二世是王室的一个分支，虽在一连串谋杀中幸存下来，却失去了王位继承权。大流士三世渴望恢复君主的权力，但此时想要拯救阿契美尼德王朝无异于天方夜谭。有趣的是，这个王朝最终的灭亡是由希腊人一手造成的，他们阻止了波斯成为整个古代世界的主导，打破了波斯人一统天下的美梦。虽然波斯人始终未能战胜希腊人的海上力量，但希腊却战胜了波斯的陆上力量。更具体地说，这一巨大的转变并不是希腊人自己主导的，而是希腊世界边缘的一个民族——马其顿人造成的。虽然马其顿人的领土与庞大的波斯帝国相比微不足道，但阿契美尼德王朝的覆灭却是由马其顿国王亚历山大一手推动的，亚历山大在历史上被称为"亚历山大大帝"。

图6　帕萨尔加德居鲁士大帝陵墓

第 3 章
阿契美尼德王朝的成就

阿契美尼德帝国是第一个控制了大部分古代世界的帝国。在这个多民族国家建立过程中，统治者面临诸多问题，其中最主要的就是如何维持这个庞大的帝国。为了维系帝国的正常运转，需要建立一套内部管理系统，正如上文提到的，这个系统建立在行省总督基础上。与之配套的还有法律体系的构建，除了国王之外，所有人都要遵守法律，以确保所有人都得到公平对待。在苏萨发现的大流士碑文上记载："我的法律，强者会畏惧，所以强者不敢随意欺负弱者。"在纳克什—鲁斯塔姆（Naqsh-i Rustam）的大流士碑文上同样记载："我不希望弱者被强者欺负。"在建立秩序的过程中，总少不了阿胡拉·马兹达的支持。纳克什—鲁斯塔姆的另一块碑文中还写道："阿胡拉·马兹达，当他看到天下大乱，便赐命于我，让我成王。"大流士之后将其放归原处。从实用意义上来讲，"放归原处"指的是用秩序代替混乱，这也是帝国主要成就之一。

被征服地方的居民得到了人道的对待，像帝国内的其他臣民一样，受到帝国法律的保护，与此同时，他们自己的法律、文化和宗教也受到帝国的尊重与认可。征服巴比伦后，居鲁士在马杜克[1]神

---

[1] 马杜克（Marduk），希伯来语名字为米罗达（Merodach）。巴比伦城的守护神，被尊称为"贝尔"（Bel），意为"主"，相当于巴力的尊称。在巴比伦宗教诸神中拥有崇高地位，巴比伦在政治上崛起以后，成为众神之王。巴比伦建立了壮观的马杜克神庙，后被波斯人摧毁。

庙（Temple of Marduk）礼拜，大流士镇压巴比伦叛乱后也做了同样
的事情。征服者并未试图让被征服地区的人们皈依自己的宗教，他
们允许甚至鼓励被征服者延续自己先前的信仰。其中最著名的一个
例子就是巴比伦之囚，犹太人被解放出来后得以重建耶路撒冷的
圣殿。

　　因此，由居鲁士建立、大流士巩固的政府管理体系是自由而开
放的。由于帝国给予被征服者充分的自由，被征服者非常满足，并
乐于接受波斯的领导。阿诺德·汤因比（Arnold Toynbee）认为，实
际上，在波斯人的管理下，阿契美尼德帝国的统治方式展现了很多
联邦制的特征。[1] 无论称它是第一个帝国还是第一个联邦，阿契美
尼德人创造的政治结构成功地在中东地区建立了新的秩序，并在近
两个世纪中发挥了有效的作用。

　　波斯人的另一个成就是成功地建立了世界上第一个共同市
场，旧的边界限制被打破，因此促进了整个地区不同民族间贸易
的繁荣发展。生活在黎凡特（Levant）海岸的腓尼基人受到波斯
人的统治，他们虽然被希腊人排挤出海上贸易体系，但却拥有了
整个波斯帝国的市场。波斯人有关船只与航海的知识几乎全部来
自腓尼基人。同样，安纳托利亚西部的爱奥尼亚希腊人也从帝国
的共同市场中获益，他们对独立的热情远不及爱琴海对岸的希腊
人。贸易中通用的语言是阿拉美语（Aramaic），它是叙利亚语的

分支，被商人阶层广泛使用。帕尔斯语则是整个帝国政府管理机构使用的语言。统一的货币以及统一的度量衡则进一步促进了贸易的发展。

为了使波斯共同市场利益最大化，最重要的是建立一个高效的道路系统。帝国的御道是连接了萨狄斯、苏萨及波斯波利斯的皇家大道。该大道还有诸多分支，通往地中海东岸、美索不达米亚北部和东部等地。除了供商人使用之外，波斯御道的另一个重要作用是作为驿道确保帝国内部快速通信。希罗多德显然对这条大道印象深刻，他详细地描述了大道上的信使：

> 世界上没有比波斯信使跑得更快的人了。这一整套想法是波斯人发明的，具体的运作方式是：骑手驻扎在大道两旁，骑手的数量与旅途所耗费的天数相同——每天都有一个人和一匹马。没有什么能够阻止信使在最快时间完成传递任务——是雨、雪、炎热还是黑夜。第一位信使完成自己的任务后，将信件交给第二名信使，第二名再传给第三名，以此类推……波斯语中将这种传递形式称为阿加莱恩（aggareion）。[2]

苏萨发现的楔形文字碑文明确体现出贸易的重要性，而且与

图 7　有翼动物金箔饰品，
公元前 7 世纪，出土于兹
维耶（Ziwiyeh）

图 8　宫殿守卫浮雕，苏萨

皇家宫殿的建造联系在一起。根据这些碑文记载，雪松木来自黎巴嫩（Lebanon），"雅卡"木来自犍陀罗（Gandhara），黄金来自萨狄斯及巴克特里亚（Bactria），蓝宝石（青金石）、红宝石（红玛瑙）来自索格底亚纳（Sogdiana）[1]。其他宝石则来自花剌子模（Chorasmia）[2]，银和乌木来自埃及，象牙来自埃塞俄比亚及印度，象牙上的装饰纹样则来自爱奥尼亚人。爱奥尼亚人还擅长加工石材，米底人和埃及人擅长加工黄金，巴比伦人擅长制造砖块。大流士说："在苏萨，命令一旦下达就会被完美地执行。"苏萨的建成，是波斯帝国将各种工匠及大量珍贵材料完美融合在一起的结果。

因此，第一个世界帝国所取得的历史成就是非凡的。他们能够将对手"挤压"到已知世界的边缘，这在很大程度上确保了边界的稳定。虽然薛西斯的目标一直都没有实现——"所有土地"并没有变成事实上的"一块土地"，但对波斯霸权构成威胁的因素基本被

---

[1] 索格底亚纳，位于阿姆河、锡尔河之间，以泽拉夫尚河、卡什卡河流域为中心的地区（今中亚塔吉克斯坦与乌兹别克斯坦境内），古波斯语写作 Suguda 或 Sugda，中文曾译为粟弋、属繇、苏薤、粟特等。梵语作 Surika，中古波斯语作 Sulik，中文曾译为速利、苏哩等。

[2] 花剌子模，旧译"火寻"，位于中亚西部的地理区域，阿姆河下游、咸海南岸，今乌兹别克斯坦及土库曼斯坦两国的土地上。花剌子模地区很早就有人类居住和活动。公元前 3000 多年，该地区新石器文化已经具有很高的水准。公元前 2000 年，花剌子模地区的居民开始用原始的方式灌溉耕地，学会了饲养家畜。此外，这里还是中亚最早使用铁器的地区，考古发现了公元前 7—前 5 世纪的铁制镰刀。

图 9　装饰有翼狮子的金饰，背后有圆环，可能是带扣；阿契美尼德文化，公元前
6—前 4 世纪

消除了。波斯帝国通过善待子民，实现了国内和平与政权巩固的目标；共同市场的建立促进了财富的累积，这比之前各地区政治分裂局面下创造的财富多得多。这些资源都是阿契美尼德人管理和保卫领土的重要基础。帝国的建立使各民族群众聚集在一起，他们拥有充分的自由，免受战乱纷扰，在国际化的环境中蓬勃发展。另外，不同民族的帝国子民心悦诚服地接受波斯国王统治，这个现象在后来出现的帝国中十分罕见。

在阿契美尼德帝国统治的两个世纪中，波斯人从游牧者转变为城市定居者，繁荣的浪潮带来了艺术和工艺的进步。波斯人的审美不再满足于简单和实用，而是转变为对美丽与财富的追求，这从日常使用的器物中便可看出。波斯人不但借鉴、学习被征服民族的各种技能，而且使用来自帝国各地的材料。

波斯的建筑从相对简单的木结构或泥砖结构转变成精致的石结构，比如苏萨和波斯波利斯的石制宫殿，给世人留下了深刻的印象。来自帝国各地的工匠带来了各自独特的技术，建筑外墙布满浮雕，内墙则用釉面砖装饰。在苏萨大流士的宫殿中，一块砖上雕刻着狮身人头，另一块砖上则雕刻皇家卫队。

虽然现存的阿契美尼德陶器很少，但有足够的证据表明他们对被征服地区的制陶技术进行了改良。此外，还有许多阿契美尼德时期精美的金属制品保留下来，例如饮水器具、碗及滚筒印章，还有

图 10　滚筒印章及其印出的纹样，公元前 550—前 330 年，阿契美尼德时代，伊朗

象牙制品、黄金刀鞘等。19 世纪晚期，在原阿契美尼德帝国东北部，今塔吉克斯坦、阿富汗边境，考古学家发现了所谓的"阿姆河宝藏"（Oxus treasure）[1]。这批宝藏中有很多可以追溯到阿契美尼德时期的器物，包括一个沉甸甸的金手镯，手镯上饰有带翼狮身鹰首兽，一件柄部饰有狮头的金壶，还有几件银制人形雕像。尼尔·麦克格雷格（Neil MacGregor）在这批宝藏中挑出一件小型黄金战车模型，将其归入"世界史上 100 件器物"中，并论述了这件战车在阿契美尼德帝国历史上的重要性。[3]

[1]　阿姆河宝藏，是塔吉克斯坦塔赫提库瓦德地区（Takht-i Kuwad）出土的一批波斯金属制品的总称，共计 170 件，大部分被划定为产自公元前 5—前 4 世纪，是阿契美尼德王朝现存最重要的金银器。宝藏大部分存于大英博物馆，在"古代伊朗"展厅陈列，另有少量现存伦敦维多利亚和艾伯特博物馆。

　　饰有图案的地毯编织技术同样受到重视，这是对早期游牧民帐篷中重要家庭物品的"改良"，此外珠宝也受到重视。这些物品展现了波斯人舒适且奢侈的生活。希腊人一方面羡慕波斯人，另一方面却对波斯人此种做法嗤之以鼻，他们认为波斯人放弃了节俭的生活，变得"柔弱"。

　　波斯人对奢侈品的热爱甚至延伸到了战场上。希罗多德曾经多次提到，波斯军队的装备和日用品极尽奢华。他记录到，波斯军队在普拉提亚战役战败被迫从希腊撤退后，斯巴达领袖保萨尼

图 11　阿姆河宝藏中的黄金战车

亚（Pausanias）看到薛西斯废弃帐篷中的壮观景象，餐桌已经摆好准备开始盛宴；他开了一个小玩笑，准备了一顿普通的斯巴达式晚餐放在旁边，将两桌食物进行对比并笑着说道："波斯人过着这样的日子，却来到希腊掠夺贫穷的我们。"[4]这种奢侈的生活，也许是波斯人从简单的草原生活到帝国建立后获得大量资源的结果。

也许阿契美尼德人最伟大的成就就是证明了一个帝国可能的发展方向。苏萨另一块大流士碑文上写道："在阿胡拉·马兹达的庇护下，我让一切都变得美丽。"[5]实用主义与美相结合的观念对波斯人来讲具有很强的吸引力，他们在生活中的方方面面都竭力追求两者兼顾。大流士将一切事物变美的目标可能并没有完全实现，但这位万王之王的想法却指明了帝国未来的发展方向。

第 4 章

居鲁士大帝的历史与传说

尽管阿契美尼德王朝统治时期出现了很多伟大的国王，但帝国奠基者——居鲁士二世，则为帝国未来发展道路定下了基调。然而，尽管我们对居鲁士的成就了解甚多，但对他本人我们却知之甚少。在探索居鲁士生平的过程中，历史与传说交织在一起，有时很难区分开来；此外，关于居鲁士的很多记载并不是来源于波斯文献，而是来自其他国家，尤其是希腊。在亚历山大征服波斯之前，波斯人一直是希腊的头号敌人。希腊人对波斯充满好奇，甚至有些着迷，一方面是因为波斯人与希腊人各方面差异较大，另一方面是希腊人发现波斯人身上有很多值得尊敬，甚至让他们钦佩的东西。

波斯文献中对居鲁士的记载非常少，所有的记载基本来自石柱上的楔形文字。帕萨尔加德宫殿的一根柱子上的铭文记载："我，国王居鲁士，阿契美尼德人。"重要的是，这句话同时以波斯文、埃兰文及巴比伦文三种语言铭刻。

在巴比伦发现的居鲁士文书（Cyrus Cylinda）[1]记载了居鲁士如何凯旋，并以征服者的姿态受到当地民众的欢迎。大部分楔形文字石板可以追溯到大流士及其之后时期。

关于居鲁士最全面、最重要的信息来自被西塞罗（Cicero）称

---

[1] 居鲁士文书（又译居鲁士圆柱或居鲁士铭筒）是古代的一个泥制圆筒，现已破裂为几件碎片，以居鲁士大帝的名义由古代阿卡德语楔形文字写成，出土于巴比伦古城，现存于大英博物馆。

图 12　居鲁士大帝宫殿上的楔形文字铭文

图 13　居鲁士文书，上面记载了居鲁士征服巴比伦的文字

为"历史之父"的希腊历史学家希罗多德。希罗多德（公元前484—前424年）出生于居鲁士去世后约半个世纪，在他写作之时，尽管相差的时间并不长，但居鲁士的统治已然成为历史。希罗多德出生于爱琴海东岸爱奥尼亚的哈利卡那索斯（Halicarnassus），当时爱奥尼亚的希腊人已经被波斯人统治，希罗多德却对这个统治他们的东方帝国兴趣浓厚。然而，不知道什么原因，希罗多德明显夸大了希波战争中双方的参战人数，此外他还记载了一些看似不太可能的故事。因此，很多人认为希罗多德并不是一位历史学家，而是一个故事编造者。朗吉努斯（Longinus）认为希罗多德继承了荷马的传统，并用"荷马式"文字来形容希罗多德的作品。很明显，希罗多德所记载的历史将史实与传说故事掺杂在了一起。

希罗多德在其巨著《历史》中记载了希腊人所熟知的世界历史。第一卷几乎全是关于波斯人和希波战争的记录。由于希罗多德是站在希腊人的立场描写这些冲突的，因此人们会认为他的记载有失偏颇，但事实并非如此。《历史》第一卷的开头是这样描写的：

> 在这里展示出来的，乃是哈利卡那索斯人希罗多德的研究成果，他之所以要把这些研究成果展示出来，是为了保存人类的功业，使之不至于因为年深日久而被人遗忘，为了避免希腊人和异邦人那些值得赞叹的丰功伟业失去光

彩，特别是为了把他们纷争的原因记载下来。[1]

　　从开篇来看，希罗多德的描述不偏不倚，"异邦人"的行为或成就常常让他钦佩。希罗多德对波斯人的历史观以及波斯与希腊冲突的原因进行了详细论述。

　　《历史》第一卷主要讲述了居鲁士的统治。据说居鲁士有一半米底人的血统，因为他的父亲是安善国王冈比西斯，母亲是米底国王阿斯提阿格斯的女儿曼丹（Mandane）。阿斯提阿格斯梦见波斯人取得战争的胜利，于是他下令处死这个孩子，但并未成功，居鲁士被秘密送往乡下一个牧民的家中，在那里被抚养长大。事情的真相败露后，阿斯提阿格斯允许居鲁士回到安善国王冈比西斯的身边。居鲁士继承了父亲的王位后，背叛了米底国王，并在帕萨尔加德战役中战胜米底大军，而后占领米底。由此，波斯帝国建立，并很快扩张到整个中东地区。后来的其他作家们，例如大马士革的哲学历史学家尼古拉斯（Nicolaus）——奥古斯都（Augustus）的朋友——记载居鲁士的出身非常卑微，他是凭借与生俱来的才能在阿斯提阿格斯王朝中获得一席之地。同样，尼古拉斯的著作中也提到了阿斯提阿格斯梦到波斯取得胜利的事情。这些伟大的领袖出身经历的传说皆很类似，例如摩西。

　　从希罗多德的记载中，我们发现居鲁士的形象不同于其他伟大的征服者。《历史》中存在很多关于他仁慈的记载，包括对被征服者仁慈的故事。击败米底人后，他宽恕了阿斯提阿格斯，让其得以安享晚年。吕底亚人战败后，国王克罗伊斯被俘并被判处火刑，据说在临刑前最后一刻，居鲁士改变了主意，将吕底亚国王从火海中拯救出来。[2] 克罗伊斯后来成为居鲁士朝廷一员，并参加了居鲁士大帝的最后一战。这场战役发生在中亚地区里海东岸阿拉克斯河附近[3]，居鲁士对抗马萨革泰（Massagetae）[1] 部落及其骁勇善战的女王托米丽司（Tomyris）[2]。托米丽司建议居鲁士回到自己的领土，但居鲁士无视女王的警告，继续向北深入旧雅利安人的土地。在阿姆河附近一场激烈的战斗中，居鲁士战败身亡。我们可以从希罗多德的记载中得出这样的结论：居鲁士最大的特点就是雄心勃勃，但也正是因为这点，最终导致自己的灭亡。当然，这个记载只是希腊人的版本，对希腊人来说这就是"hybris"（傲慢），"傲慢"往往会通向灾难之路。这是神计划的一部分，目的是教导人们谦卑。这也是后来拉丁经文中提到的"fata"（命运）——米底、巴比伦的统治者（居鲁士），最终结束了自己的生命。[4]

---

[1] 马萨革泰，公元前 6—公元 2 世纪生活在里海以东、咸海沿岸的游牧和定居各族人民的总称。

[2] 托米丽司，马萨革泰女王，公元前 6 世纪在位。公元前 530 年，居鲁士大帝入侵马萨革泰，杀死托米丽司之子，托米丽司倾全国之力以还击，在一场惨烈的肉搏战中击败波斯军，杀死居鲁士。

　　尽管故事和传说交织在一起，但希罗多德的主要目的还是记载历史。埃斯库罗斯，雅典剧作家，擅长撰写历史题材戏剧。[5] 与希罗多德一样，他对波斯人的同情显而易见。他的剧作《波斯人》主要讲述了波斯在萨拉米斯海战中的惨败，这场战役是希腊人能够保持自由独立的关键。希腊与波斯的冲突被描述为自由与专制的对抗，然而敌人身上的优点同时也被完美地展现。波斯人从各方面看起来都是富有贵族气质的，即使在失败的情况下，他们仍能展现出自己的纪律与忠诚。当然，这场战役发生在居鲁士死后半个世纪，但在战败后的悲情演讲中，大流士反复提到居鲁士，他还诉说了波斯帝国是如何在宙斯（Zeus）的指引下崛起的。有趣的是，希腊的神被用在这个戏剧中，因为埃斯库罗斯知道，如果将琐罗亚斯德教的天神阿胡拉·马兹达用在这里，对希腊观众来讲过于陌生。宙斯授予波斯王建立一个伟大帝国的权力，"一个人对整个亚洲行使权力"，从梅杜斯（Medus）开始，在接下来的君主中：

　　　　第三位是居鲁士，他很幸运，他的统治给所有人带来了和平：他统治了吕底亚人、弗里吉亚人，之后进军爱奥尼亚；没有神会迁怒他，因为他是明智的。[6]

纵观历史，作为敌人能以如此正面的形象出现在戏剧中实属罕见，这也清楚地表明希腊人对波斯人的尊重，尤其是对居鲁士的尊重。

居鲁士的遗体被运回帕尔斯，安葬在帕萨尔加德——居鲁士击败米底人的战场。后来参观这个遗址的人，都会被这位伟大征服者孤零零的陵墓感动。普鲁塔克（Plutarch）[1]在《亚历山大大帝传》中写道，居鲁士去世两个世纪后，亚历山大来到居鲁士陵墓前，被墓志铭深深感动："人们啊，无论你是谁，无论你来自哪里……我是居鲁士，波斯帝国的缔造者，不用羡慕我，因为只有一抔泥土覆盖在我的身上。"后来的参观者同样被感动。东方学家克劳迪斯·詹姆斯·里奇（Claudius James Rich）在 19 世纪晚期参观居鲁士陵墓后写道："（陵墓）古老的外观立刻使我产生敬畏之心……毫无疑问，我认为这是历史上最好的、最辉煌的东方国王的陵墓。"7

希腊物理学家克特西亚斯（Ctesias）曾在波斯宫廷待过一段时间，并掌握了波斯语。他记录的关于居鲁士的很多故事与希罗多德不同。据他记载，居鲁士与米底王室之间并无血缘关系，波斯战胜

---

[1] 普鲁塔克，罗马帝国时代的希腊作家、哲学家和历史学家，以《希腊罗马名人传》一书闻名后世。他的作品在文艺复兴时期大受欢迎，蒙田对他推崇备至，莎士比亚不少剧作都取材于他的记载。

米底后，居鲁士娶了阿斯提阿格斯的女儿，很多人认为这是波斯人与米底人关系密切的重要因素，也是居鲁士能够统治波斯帝国的正当理由之一。克特西亚斯认为居鲁士对他的敌人并不那么仁慈，是居鲁士默许了阿斯提阿格斯的死亡。

　　公元前 4 世纪中叶，色诺芬（Xenophon）[1] 完成《居鲁士的教育》一书，这部作品在后来得到了西塞罗的高度赞扬。色诺芬很少关注历史事实本身，而侧重于描述居鲁士作为统治者积极的一面。他视居鲁士为理想的国王，并强调理想的国王必须具备像居鲁士一样的品格。从根本上说，居鲁士是一位明智且仁慈的统治者，他拥有高贵的气质及深刻的政治哲学思想。色诺芬给出的结论是"作为君主，前无古人，后无来者"。此外，色诺芬还认为居鲁士并非死于战场，他去世时和生前一样安详，"嘴里念着高贵的遗言忠告"。亚瑟·杨（Arthur Young）认为，这部作品与其说是历史，不如说是"一位历史人物的浪漫故事集"。根据杨的说法，《居鲁士的教育》"是献给影响了当世与后世的伟大人物的奉承之作"。[8] 在许多方面，居鲁士可以被看作是第一位理想统治者的典型，为后来的政治思想家发展这种思想提供了素材，如马基雅维

---

[1]　色诺芬（约公元前 440 年—前 355 年），雅典人，历史学家，苏格拉底的弟子。他以记录当时的希腊历史、苏格拉底语录而著称。著有《长征记》《希腊史》《拉西第梦的政制》《雅典的收入》以及《回忆苏格拉底》等。

利[1]的《君主论》(*The Prince*)。

正如我们所了解到的，展现居鲁士仁慈的另一个例子是他在征服巴比伦之后对待犹太人的方式。巴比伦统治者尼布甲尼撒[2]征服了巴勒斯坦，将俘虏的犹太人带回巴比伦充当奴隶。"巴比伦之囚"被认为是整个犹太民族历史中最黑暗的时期。然而，居鲁士征服巴比伦之后，犹太人获得了自由，并被允许返回自己的家园。在《以赛亚书》[3]中，这一功劳被归于居鲁士，他在这卷书中被描绘成一名仁慈而智慧的统治者。最重要的是，在《以赛亚书》中，拥有至高无上权力的上帝选择了居鲁士，并给予他最崇高的地位。

---

[1] 尼科洛·马基雅维利（Niccolo Machiavelli，1469—1527），意大利政治思想家和历史学家。1469 年出生于意大利佛罗伦萨。其思想常被概括为马基雅维利主义。在中世纪后期政治思想家中，他第一个明显地摆脱了神学和伦理学的束缚，为政治学和法学开辟了走向独立学科的道路。他主张国家至上，将国家权力作为法的基础。代表作《君主论》主要论述为君之道、君主应具备哪些条件和本领、应该如何夺取和巩固政权等。他是名副其实的近代政治思想的主要奠基人之一。

[2] 尼布甲尼撒二世（公元前 634 年—前 562 年）是新巴比伦开国君主——那波帕拉萨尔之子，新巴比伦王国第二任君主。公元前 598—前 597 年亲征犹大王国，前 597 年攻陷耶路撒冷。在国内大兴土木，修建了很多宏伟壮观的建筑物。他在位时期是新巴比伦繁荣鼎盛的时代。

[3]《以赛亚书》是《圣经》的第 23 卷书，是上帝默示由以赛亚执笔，大约在公元前 723 年之后完成。记载关于犹大王国和耶路撒冷的背景资料，以及当时犹大王国的人在耶和华面前所犯的罪，并透露耶和华将要采取判决与拯救的行动。第 53 章是对约 700 年之后降临的弥赛亚耶稣的预言。

论居鲁士说："他是我的牧人，必成就我所喜悦的，必下令建造耶路撒冷，发命立稳圣殿的根基。"

我耶和华所膏的居鲁士，我搀扶他的右手，使列国降伏在他面前。

《以赛亚书》44:28；45:1 上

更让人惊讶的是，根据《以赛亚书》记载，上帝不仅对居鲁士的仁慈大加认可，而且似乎还对他的征服活动表示赞成和支持。耶和华握着居鲁士的右手，使列国臣服在他的面前。根据《以赛亚书》下一节的记载，上帝毫无疑问支持波斯之王。上帝说：

我也要放松列王的腰带，使城门在他面前敞开，不得关闭。

我必在你前面行，修平崎岖之地。我必打破铜门，砍断铁闩。

我要将暗中的宝物和隐密的财宝赐给你，使你知道提名召你的，就是我耶和华以色列的神。

《以赛亚书》45:1 下 -3

《以斯拉记》[1]中有更多关于居鲁士成就以及居鲁士与以色列之神亲密关系的描述。居鲁士也承认自己伟大的征服是上帝的杰作：

> 波斯王居鲁士如此说，耶和华天上的神，已将天下万国赐给我。又嘱咐我在犹大的耶路撒冷为他建造殿宇。
>
> 《以斯拉记》1:2

《以斯拉记》还记录了居鲁士如何将尼布甲尼撒从圣殿中掠夺的珍宝物归原主。重建圣殿的时候，犹太人的"敌人"试图阻挠，虽然重建工作放缓，但仍按部就班进行。"为了以色列之神，波斯王居鲁士命令我们（继续工作）。"根据《以斯拉记》第6章的说法，居鲁士特别关心圣殿的重建，他要求将城墙建高，地基打牢，并将尼布甲尼撒偷来的金银器放归原处。

《以赛亚书》和《以斯拉记》中关于居鲁士的所有记载都是非常正面的。除了释放"巴比伦之囚"与重建圣殿外，居鲁士的征服活动及其"地球之王"的地位也是完全被认可的。这份认可来自以

---

[1]《以斯拉记》是《圣经》旧约中的一卷书，由以斯拉在公元前460年左右完成。波斯帝国摧毁巴比伦帝国后允许犹太人重建耶路撒冷，以斯拉带一批犹太人返回应许之地，这卷书就是记述的他在这段时期的经历。居鲁士在巴比伦作王第一年便"下诏通告全国"，授权给犹太人返回耶路撒冷重建耶和华的圣殿。这个命令大约是在公元前538年末或前537年初发出的。

色列的上帝，他在所有事情上都支持居鲁士。

在罗马时代及后罗马时代，对居鲁士的奉承和赞美仍在继续。弗拉维乌斯·约瑟夫斯（Flavius Josephus）在公元 1 世纪所著《犹太古史》（Jewish Antiquities）[1]中提到，居鲁士认为他的天命就是将犹太人送回自己的家园并重建圣殿，并为此提供资金支持。圣杰罗姆（St Jerome）在对《以赛亚书》的评论中提到犹太人对居鲁士的崇敬，居鲁士被认为是上帝选择的替天行道之人。耶路撒冷圣殿的重建始于居鲁士时期，但直到大流士时期依然没有完成。11 世纪的修道士赫尔瓦·德·伯格迪乌（Herva de Bourg-Dieu）称居鲁士为 "pastor Dei"，意为上帝的牧羊人，因为他为犹太人做了很多好事。在一本 16 世纪版本的《犹太古史》中，有一幅精美的细密画，作者是耶汉·福凯（Jehan Foucquet），题为《居鲁士的仁慈》（The Clemency of Cyrus），画中波斯国王威风凛凛地坐在富丽堂皇的宝座上，聆听犹太领袖的祈求。

然而，约瑟夫斯也认为居鲁士死于征伐马萨革泰人的战争，并被凶狠的托米丽司斩首。之后的作家则强调，居鲁士试图将他的王国扩张到他难以控制的区域，因此居鲁士最终死于他的野心。公元

---

[1]《犹太古史》是由著名犹太历史学家弗拉维乌斯·约瑟夫斯（公元 37—100 年）所著。本书所写内容始于神创造天地至大卫王逝世，许多信息并未出现在《圣经·旧约》中，是犹太人口传的资料，故为神学界所重视。

4世纪，历史学家马塞利奴斯（Marcellinus）同样强调了这点。马塞利奴斯的研究重点是罗马帝国的历史，他认为波斯帝国就是罗马帝国的前身，导致居鲁士灭亡的原因与几个世纪后导致罗马灭亡的原因类似。圣奥古斯丁（St Augustine）与圣安布罗斯（St Ambrose）两人为罗马的衰落及基督教世界的毁灭而深感不安。对他们来说，罗马的衰落就是文明的衰落，紧接着便是混乱时代的降临。他们在研究历史的过程中，都将居鲁士视为帝国覆灭的根源，而不是帝王典范。许多后来的基督徒及异教徒作家最关心的是居鲁士大帝失败的原因。例如，公元6世纪初期波伊提乌（Boethius）[1]写到幸运女神及人类命运之轮的逆转。但丁认为居鲁士的野心最终导致了他在与马萨革泰人的战争中失败，并被托米丽司斩首，所以将居鲁士置于炼狱之中。

中世纪基督教作家更倾向于利用居鲁士之死的故事说明"骄兵必败"的道理。居鲁士的命运不过是上帝对他过大野心的惩罚。在这些作家的作品中，很少提到波斯国王的美德，这与古代作家——例如希罗多德和埃斯库罗斯的作品，形成了鲜明的对比。

中世纪的作家写了很多关于居鲁士的作品，也试图借此来解

---

[1] 波伊提乌是欧洲中世纪开始时一位罕见的百科全书式思想家，在逻辑学、哲学、神学、数学、文学和音乐等方面都做出了卓越的贡献，有"最后一位罗马哲学家""经哲学第一人""奥古斯丁之后最伟大的拉丁教父"之称。

释罗马帝国灭亡的原因，人们更倾向于认为罗马的陷落是一场令世界陷入混乱的大灾难。他们通过寻找其他帝国灭亡的原因来解释罗马帝国灭亡的原因，因此对这个罗马之前的帝国（波斯帝国）兴趣浓厚。

文艺复兴时期，古代作家的作品重新进入了人们的视野，很多学者开始重新评价居鲁士及波斯帝国。1516 年再版的希罗多德与色诺芬的作品，让文艺复兴时期的学者了解到居鲁士统治时期开明的一面，而不是像中世纪学者那样强调居鲁士的灭亡。马特奥·班代罗（Matteo Bandello, 1480—1562）[1]描写了一个色诺芬作品中的故事。美丽的巴比伦人潘提亚（Panthea）被居鲁士俘虏，作为战利品，居鲁士想娶她为妻。潘提亚对自己的丈夫阿布拉达塔斯（Abradatas）忠贞不渝，居鲁士无奈之下释放了她，还为她提供保护。居鲁士在故事中的正面形象在文艺复兴中为人所知，这些新的知识有助于人们更深入地理解前基督世界。更重要的是，文艺复兴时期，学者们希望彻底摆脱中世纪神学，对他们来讲，回到前基督世界是实现这一目标的理想方式。

尼科洛·马基雅维利对意大利半岛城邦之间的复杂关系进行过深入研究，他对居鲁士非常感兴趣。在名作《君主论》中，他试

---

[1]　马特奥·班代罗，意大利作家，他的中篇小说开创了 16 世纪叙事文学的新潮流，在英国、法国和西班牙都有广泛的影响。

图勾勒出一名理想的统治者所要具备的品质。对希罗多德及其他古代作家的了解，使他可以正视居鲁士及帝国的野心。马基雅维利在《战争的艺术》（*Arte della guerra*）一书中研究了居鲁士与马萨革泰人之间的冲突，包括克罗伊斯提出的与马萨革泰人作战的建议，这也是导致后来灾难的主要原因。马基雅维利认为居鲁士失败的另一个原因是托米丽司完美的策略，她佯装撤退，留下大量食物和饮料，以此诱敌深入。这与希罗多德的记载正好相反，马基雅维利很可能参考了其他文献。

14 世纪 30 年代，与乔叟（Chaucer）同时代的英国人约翰·利德盖特（John Lydgate）[1] 完成著作《诸侯的堕落》（*the Fall of Princes*），他认为居鲁士过大的野心导致了最终的失败。因此，并非所有文艺复兴时期的作家都强调居鲁士的美德。居鲁士的失败被归结为听取了错误的建议以及策略的失误，而不是像中世纪作家那样认为是上帝的惩罚。文艺复兴时期，在绘画和织锦画上出现了更加生动的居鲁士造型。

17 世纪，玛德琳·德·斯库德里（Madeleine de Scudery）的历史小说《阿塔梅尼，居鲁士大帝》描绘了一个富有浪漫主义的英雄形象，这个形象可以很轻易地令人想到法国国王路易十四。织锦画

---

[1] 约翰·利德盖特，英国诗人，1370 年出生于英格兰萨福克郡利德盖特，卒于 1450 年左右，埋葬在圣埃德蒙，主要以长篇道德主义和虔诚的作品而闻名。

图 14 乔尔格·潘茨（Georg Pencz）雕刻作品，描绘的是托米丽司手持居鲁士首级

上穿着贵族服饰的居鲁士，与斯库德里小说中描绘的国王形象非常相似。18 世纪，西班牙的纺织品延续了这种浪漫主义传统，同时也强调了居鲁士作为模范统治者的政治重要性，其中一件纺织作品上绣着"正义和自由前提下的统治"。[9]

亚瑟·杨坚持认为，"居鲁士大帝是一位历史创造者，他出生于一个神话时代"。[10]历史上的居鲁士总是被掩盖在各种典型的君主形象背后，从充满荣誉感到富有贵族气质，再到过于野心勃勃。事实上，古往今来，居鲁士的形象总是成为当时人们渴望他成为的样子。

我们可以看到，不同时代的作家笔下居鲁士的形象是不同的，这些形象都被赋予了当时的人们希望他所代表的样子。在希腊人看来，居鲁士是一个和蔼可亲的形象，这点具有重要的历史意义。居鲁士以一个仁慈统治者的形象出现的原因，其实是希腊人为了指出雅典民主制度缺陷。希腊作家对波斯国王的看法不尽相同，但《圣经》中关于居鲁士的描写完全是正面的，他释放了被囚禁的犹太人，甚至帮助犹太人重建圣殿，在《圣经》中他是一个完美无缺的人。上帝说他握住了居鲁士的右手，允许居鲁士征服列国。实际上，《圣经》中居鲁士被描绘成上帝的代理人，而居鲁士也承认上帝一直在支持他的事业，这与居鲁士的继任者大流士在帝国建设的每个阶段都强调得到阿胡拉·马兹达的祐助非常类似。

罗马的作家们最感兴趣的是比较罗马帝国与波斯帝国，以此解释罗马帝国衰亡的原因。虽然居鲁士的形象是正面的，但他做的事情与后来的统治者类似，不可避免地导致最终的灾难。中世纪的基督教作家更倾向于谴责居鲁士，在他们眼中，居鲁士的失败是骄傲和野心导致的必然结果，他的下场对所有想走类似道路的人来讲是前车之鉴。这些神学家最关心的是神在人间所发挥的作用，只有遵循神的意志，才能走上成功的道路。毫无疑问，这些神学家受到了罗马陷落的影响，忽视了《圣经》中波斯统治者正面的形象。随着文艺复兴的到来，一切再次改变，在"正义和自由的前提下"，居鲁士又一次成为一名仁慈的统治者。在 17、18 世纪的绘画与纺织作品中，艺术家利用当时最浪漫的表现手法，描绘了一个光芒四射的伟大统治者形象。

在居鲁士死后的 2500 年中，这位古代统治者享有"大帝"的称号，并被人们认为是一个拥有重大历史意义的统治者。然而，正面的评价和反面的评价总是交织在一起。随着历史史实与传说的不断融合，一方面居鲁士被认为是仁慈统治者的代表，另一方面却被作为落入陷阱的前车之鉴。最终，脱颖而出的是居鲁士仁慈统治者的形象。这或许符合埃斯库罗斯在剧作《波斯人》中对居鲁士的评价："没有神会迁怒他，因为他是明智的。"

关于帝国与霸权主义的价值问题，从希腊人对居鲁士的评价开始，一直延续到现代。无论是在历史中还是在神话中，这位伟大的国王始终是引人注目的。尽管这个问题缺乏真实的史料证据，但最重要的是，正是因为有关居鲁士作品的创作，阿契美尼德王朝的记忆才得以延续。古往今来，很多人都在研究阿契美尼德王朝与居鲁士，希望从这个早已消失的文明中吸取教训，泽被后世。

第 5 章

波斯波利斯：城市、王位与权力

波斯波利斯是最早的有目的性建造的帝国城市。在这里，城市、王位、权力完美地融合在一起，构成了一场展现波斯帝国宏伟壮观的舞台秀。建立权力中心的想法，萌发于居鲁士大帝及大流士一世统治期间。

早在居鲁士统治时期，他就意识到建立首都的重要性。当他在西部战场取得胜利后，就回到了波斯人的故乡——帕尔斯，并在帕萨尔加德建造了一座伟大的宫殿。古波斯语中，帕萨尔加德意为"波斯人的大本营"，这里是波斯早期游牧部落的聚集地，同时也是波斯人战胜米底人的战场，对波斯人来讲意义重大。作为波斯人及其帝国的发祥地，帕萨尔加德被赋予了神圣的光环，并在后来成为居鲁士统治时期波斯实际意义上的首都。

公元前530年，居鲁士去世，随即发生了王位争夺战，他的儿子冈比西斯二世最终继承王位。短暂的统治过后，王位被传给了王朝的另一个分支——大流士一世。[1] 帕萨尔加德是居鲁士的都城，因此，大流士从一开始就对自己的王位深感不安，他认为有必要建立一个新的都城来彰显自己的权力，摆脱居鲁士的阴影。而且，波斯人在帕萨尔加德用白色石灰石建造的居鲁士陵墓，使帕萨尔加德在波斯人心中的神圣地位愈加稳固。大流士因此将新首都选在帕萨

---

[1] 具体分支见第2章图5。

尔加德西南 50 公里处的帕尔斯——希腊人称为"波斯波利斯"的地方。波斯波利斯是大流士一生中最伟大的建筑工程，也是他王权的重要象征。

波斯波利斯坐落于群山环绕的玛尔维达什特（Marv-e Dasht）平原。选择这个地点作为首都似乎有很多原因，其中有一些与波斯历史和神话有关。早期波斯国王的故事被收录在菲尔多西（Ferdowsi）创作的波斯史诗《列王纪》[1]中，它也被称为"国王的史诗"。波斯波利斯周边地区与传说中的早期波斯国王息息相关，其中最重要的是贾姆希德（Jamshid），波斯波利斯也被称为"Takht-e Jamshid"（贾姆希德的王座）。1

传说中，波斯波利斯是伟大的波斯英雄鲁斯塔姆（Rustam）的故乡，鲁斯塔姆之所以被英国读者熟知是因为马修·阿诺德（Matthew Arnold）[2] 19 世纪中叶创作的诗歌《索拉布与鲁斯塔姆》

---

[1]《列王纪》由波斯诗人菲尔多西所作，又称"王书"。公元 6 世纪阿拉伯人入侵波斯后，波斯兴起了"舒比亚运动"，即民族主义；菲尔多西搜集民间故事，于 11 世纪初完成这部作品，对波斯语发展有重大影响。《列王纪》长达 6 万双行，叙述内容的时间跨度在 4000 年以上，从开天辟地到公元 651 年波斯帝国灭亡。简要叙述了波斯历史上 50 个帝王公侯的生平事迹，并汇集了数千年来流传在民间的神话传说和历史故事。
[2] 英国诗人、评论家，拉格比公学校长、托马斯·阿诺德之子。主张诗要反映时代的要求，需有追求道德和智力"解放"的精神。其诗歌和评论对时弊很敏感，并能做出理性的评判。代表作有《评论一集》《评论二集》《文化与无政府主义》，诗歌《索拉布与鲁斯塔姆》《吉卜赛学者》《色希斯》和《多佛滩》等。

图 15 查尔斯·齐皮兹（Charles Chipiez）19 世纪所绘的波斯波利斯，建于高台之上，周围环绕花园，展现了国王的财富与权力

（*Sohrab and Rustum*）。关于太阳的重要性，包括对太阳的崇拜，也可以从波斯波利斯东门入口处的设计中略窥一二，这里与夏至日太阳的初升点一致。

通常，首都位置的确定，除了受一些神秘传说的影响外，还有很多现实原因。波斯波利斯位于扎格罗斯山脉之外，海拔 1500 米，因此该地较位于美索不达米亚低地的苏萨更加凉爽。波斯人起源于北方地区，所以他们更加喜欢这里的气候及周边的景观。此外，波斯波利斯地处科尔河河谷地带，水源充足。随着人口的增长，波斯人发明的复杂的地下水系统，能从周围的群山中获取充足的水（见

第 7 章）。科尔河是一条在扎格罗斯山脉中西北—东南走向的河流，这条河连接苏萨及帝国其他重要的中心。帝国的交通干线是连接萨狄斯和苏萨的御道，这条路后来又向东延伸到波斯波利斯。此外，地质方面的因素也很重要，当地的石灰岩容易开采，这是建造伟大建筑和城市纪念碑的理想材料。因此，综合考量神话、历史、地理等因素后，大流士将帝国首都定在波斯波利斯。

波斯波利斯始建于公元前 520 年，建造在一个巨大的平台上，高出周围地面约 15 米，地基稳固。该城远观宏伟，近观震撼，展示了国王的权力以及帝国的荣耀。通往城市正门处有一段阶梯，阶梯不高，马匹可在其上行走。整个城市的设计显然具有仪式性目的。城市中的建筑设计灵感取材于被征服的民族，尤其是亚述人与巴比伦人，但又更加复杂。波斯建筑师显然改造了亚述人好大喜功、热衷炫耀的建筑风格。[2] 在阶梯顶端，万国之门通向阿帕达纳（Apadana），这是举行各种仪式的礼堂。另一扇未完工的大门在平台的同一侧，通往百柱厅（The Hall of Hundred Columns），这里也是举行仪式性活动的场所。国王也会在这些大厅中处理政务、接受臣民拜见。

在平台上还有一个巨大的国库建筑。波斯波利斯每年都会接受朝贡，因此需要有存放贡品的地方。阿帕达纳大厅中央是一根柱子，柱子顶端雕刻着公牛头，该形象在宫殿其他地方也可看到。

图 16 公牛守卫立在大阶梯顶端

图 17　大流士浮雕处于波斯波利斯宫殿大阶梯顶端

最重要的是大阶梯两旁墙壁上的浮雕，它们描绘了其他国家贡使向波斯王朝贡的画面。我们可以根据贡使的着装与贡品推测他们来自哪个国家。

这点可以从城中及城周围发现的碑文上得到证实。阿里亚拉姆尼斯的金板上记载了对波斯的赞美。大流士时期，帝国的统治被赋予正当性。波斯波利斯发现的铭文记载：

> 我，大流士，伟大的王，万王之王，列国之王，叙司塔司佩斯之子，阿契美尼德人。
>
> 大流士王制曰：赖阿胡拉·马兹达之恩宠，彼等臣于我，彼等纳贡赋于我：埃兰、米底、巴比伦、阿拉伯、亚述、埃及、亚美尼亚、卡帕多西亚、萨狄斯、陆上及海上的爱奥尼亚、萨加提亚、帕提亚、德朗吉亚纳、巴克特里亚、索格狄亚纳、花剌子模、萨塔吉狄亚、阿拉霍西亚、印度、犍陀罗、斯基泰、马卡。[3]

浮雕上描绘的埃兰人带来了咆哮的母狮，巴克特里亚人带来了双峰骆驼，埃及人带来了公牛，埃塞俄比亚人带来了象牙，印度人带来了斧头与驴，亚美尼亚人带来了马和花瓶，亚述人带来了公牛和矛。毫无疑问，这些贡品中有很多是象征性的，而真正的贡品是黄金和其他贵金属。

　　在浮雕上也出现了米底人的形象，虽然他们是波斯的臣民，但一直享有特权，正是他们帮助波斯人取得了伟大的成就。波斯人与米底人之间的关系，类似于罗马人与希腊人之间的关系，他们是为帝国带来文明、指引前进道路的导师。在大阶梯的浮雕上，米底人不但享有领导游行队伍的荣耀，而且还扮演了领导仪式活动的官员角色。大阶梯中间是法拉瓦哈（Faravahar）——有翼太阳圆盘与阿胡拉·马兹达结合的象征。

图 18　波斯波利斯宫殿的大阶梯

图 19　波斯波利斯遗址发现的一件碎石块，上面雕刻着一个身穿米底服饰，手持有盖容器的人，公元前 500—前 450 年

　　福比斯（W. H. Forbis）认为波斯波利斯大阶梯上的浮雕"可能是史上最引人入胜的历史纪录片"和"用手工雕刻表现对帝王臣服的幻灯片"。[4] 在这里，通往城内的入口处，刻有法拉瓦哈形象的石头，象征帝国的威严，为帝国的运行提供神圣的正当性。

　　大阶梯之上有两道门柱，装饰带翅膀的公牛形象，公牛有胡须，头戴冠冕。门上是另一组浅浮雕——阿胡拉·马兹达。阿帕达纳观众厅高于平台上其他部分，长着翅膀的阿胡拉·马兹达保卫着国王的宝座，大流士及其后的波斯国王就是在这个厅里接见携带贡品的臣民。

大流士在波斯波利斯开始的建筑工程，后来由他的儿子薛西斯及孙子阿尔塔薛西斯继续进行。首都地处帕尔斯中心，由于历史和地理原因，这里成为波斯人的圣地。然而，居鲁士陵墓位于帕萨尔加德，因此帕萨尔加德在波斯人心中仍具有重要的意义。这两座城市距离很近，既是帝国的象征，也是帝国存在的意义。国王的加冕仪式在帕萨尔加德举行，而不是波斯波利斯。然而波斯其他国王的陵墓都在波斯波利斯附近，包括阿尔塔薛西斯二世、阿尔塔薛西斯三世，他们的陵墓位于波斯波利斯旁边的山上。纳克什—鲁斯塔姆位于波斯波利斯以北 10 公里，大流士及之后的国王陵墓都是在此地崖壁上开凿而建。

在大流士的陵墓上，还刻着另一篇关于波斯统治正当性的铭文：阿胡拉·马兹达，当他看到天下大乱，便赐命于我，让我成王。我即是王……阿胡拉·马兹达帮助我，直到我完成使命。[5] 这段话是有关帝国统治正当性的第一次明确宣示（详见第 6 章）。就这样，国王在帕尔斯中心这块相对较小的区域中加冕、下葬，并将功绩镂刻在石头上。

吉姆·希克斯（Jim Hicks）认为波斯波利斯是"一座巨大的仍富有生命力的遗址——它见证了波斯人从野蛮的游牧民族转变为世界霸主，同时它也彰显了波斯人无上的荣耀"。[6] 毫无疑问，波斯波

图 20 波斯波利斯宫殿大厅入口处柱顶上的鹰头

图 21　大流士一世宫殿大阶梯上的波斯人与米底人

利斯是有史以来最具雄心壮志的建筑工程之一。

波斯首都一直都保持着自身的重要性，直到公元 642 年，波斯帝国在尼哈万德（Nehawand）战役[1]中被伊斯兰势力击败。阿拉伯人扫荡了旧都废墟，破坏了许多人形雕刻。他们认为这些雕像都是非伊斯兰的，就像古老的琐罗亚斯德教一样。波斯波利斯很快被尘封在当地半沙漠的环境中，新的权力中心转移到了其他地方。

鲁德亚德·吉卜林的诗歌《城市、王位与权力》（*Cities and Thrones and Powers*）探讨了权力短暂性的本质。曾经看似绝对和永恒的权力，终将衰落与消失。吉卜林的诗歌还注意到了这样一个事实：最能体现权力的便是这样一座城市，但当新的力量崛起时，它会用同样的方法展现自身的权力。

尽管波斯波利斯是一个传奇的都城，但它存在的证据却被掩埋在沙漠中长达几个世纪。直到 18 世纪，波斯波利斯才重新被旅行者发现，随后考古学家对此进行发掘。20 世纪后，穆罕默德·礼萨·沙·巴列维（Mohammad Reza Shah Pahlavi）将波斯波利斯视为巴列维王朝伟大的文化遗产并在此举行庆典，这才使波斯波利斯重新焕发出帝国的生机。

---

[1] 公元 642 年，阿拉伯穆斯林军与波斯萨珊王朝军队之间的一次重要决战，发生在今伊朗哈马丹城以南的尼哈万德。尼哈万德战役对阿拉伯军队战胜萨珊王朝，进而占领波斯全境具有决定性的意义，从此伊斯兰教随之在波斯传播。

图 22　位于纳克什—鲁斯塔姆的大流士一世陵墓，地处波斯波利斯以北 10 公里处，阿契美尼德王朝统治者的陵墓

第 6 章

《查拉图斯特拉如是说》：宗教与帝国

如果不了解阿契美尼德王朝的宗教在波斯帝国崛起中起到的作用，那么就无法正确地评价波斯人取得的成就。波斯人从中亚迁至中东，与当地民族接触、融合，但始终保留着强烈的种族与文化认同感，这种认同感构成了自我认知的基础。因此，波斯人团结在一起，他们认识到自己与当地土著人群不同，于是决心摆脱米底人的统治，打碎统治者的枷锁，取得独立。尽管在很多方面都存在差异，但波斯人与土著民族都拥有印欧血统，在种族、语言和文化上具有广泛的相似性，并且早期都是以相同的方式由北向南迁徙。

然而，除了认同感之外，还有一些东西是波斯人独有的。这就是他们的宗教。宗教将波斯人紧密地联系在一起，并最终成为王权的基础。琐罗亚斯德教是阿契美尼德王朝的官方宗教，深植于政治文化中。该宗教的核心特征是一神论，区别于中东当地的许多多神论宗教。

根据琐罗亚斯德教的说法，该教的创始人是圣人查拉图斯特拉（Zarathustra），希腊人称为琐罗亚斯德（Zoroaster）。人们普遍认为查拉图斯特拉来自波斯东部，但也可能是公元前 1200 年左右从阿富汗边境来到波斯。[1] 不过能确定的是，他曾是某个已经存在的多神宗教的神职人员，然而，在他人生的某个阶段，他的想法发生变化转而开始宣扬一神论。该宗教形成于公元前 6 世纪，《阿维斯塔》

（*Avesta*）记录了该教的训诫，迦特篇（the Gathas）中记载了查拉图斯特拉时代的歌曲。《阿维斯塔》最初是口耳相传，但随着时间的推移，内容不可避免地会发生变化，但该宗教的基本信仰理念在阿契美尼德时期一直维持不变。

琐罗亚斯德教的神是阿胡拉·马兹达——"智慧之人，至高的存在及宇宙的创造者"。在这个宇宙中，有两种对立的力量——斯潘塔·曼尤与安格拉·曼尤，前者是基于真理的善灵，后者是基于谬误的恶灵。[2] 阿沙（Asha）是善良和真理，德鲁杰（Druj）是邪恶与谎言。因此，人类有责任在二元论中做出选择。在二元论基础上，琐罗亚斯德教也融入了自由意志，这标志着该教与之前多神论宗教相区别。虽然查拉图斯特拉极其反对在新宗教中留下多神论宗教的残余，但一些多神教的元素事实上被纳入琐罗亚斯德教中。查拉图斯特拉告诉人们，有六种阿密沙·斯潘塔（Amesha Spenta），或称为仁慈的不朽: 善念、真理、渴望的力量、伟大的奉献、完整性与永生。阿胡拉·马兹达被认为是这些精神之父。这些东西并非不同的神，而是理想或原则，它们存在于该宗教中，是该宗教完整的表述。

在琐罗亚斯德教中，真理往往与物态的纯洁性相关，火是纯洁的象征，通常由阿塔尔（Atar）或阿都尔（Adur）代表，火焰被永久地供奉在火神庙中。净化是火焰仪式中的一部分。该宗教的祭司是马吉（Magi），据说他们最初是米底人的祭司，如果确实如此，那么马吉就是波斯人从米底人那里继承的诸多传统之一。还有学者认为，马吉可能与印度婆罗门种姓有着相同的起源。马吉除了负责掌管火神庙与相关仪式，还负责处理死者的遗体。他们将死者的遗体放置于静寂塔上（Tower of Silence），秃鹰吃掉遗体的腐肉，直到灵魂离开，这就是"天葬"。

琐罗亚斯德教还提出了未来世界的构想，在这个未来世界中，完美的人将会存在。那时会有最后一场战斗，类似于末日决战。德鲁杰将会被击败，安格拉·曼尤（恶灵）将会被歼灭。行善之人将会复活，追随斯潘塔·曼尤之人将得到永生。

随着时间的推移，多神宗教元素被视为亚萨塔（Yasata），也就是值得崇拜的。太阳、月亮、风、雨等元素都化身为神，但都从属于唯一的神，这个系统与印度教信仰传统非常相似。例如，太阳神密特拉（Mitra）具有早期雅利安神因陀罗（Indra）[1]的特征，密特拉通常与法律的维护及公牛献祭联系在一起。[3] 位于波斯北部的厄尔布尔士山是这些神的圣山——就像喜马拉雅山与印度众神的关系一样——这与波斯早期的北方起源及宗教信仰密切相关。用伊朗考古学家罗曼·吉尔什曼（Roman Ghirshman）的话说，

---

[1] 帝释天，全名为释提桓因陀罗，简称因陀罗，意译为"能天帝"。本为印度教神明，司职雷电与战斗，后被佛教吸收为护法神。

这些早期多神信仰传统的延续使琐罗亚斯德教成为"不完美的一神论"。[4]

在阿契美尼德王朝早期阶段，琐罗亚斯德教就是王朝宗教，实际上也就是国家的官方宗教。帕尔斯地区出土的楔形文字石板上，存在很多有关琐罗亚斯德教信仰的证据。考古学家在 20 世纪 20 年代发现一件带铭文的金板，从中可以判断阿契美尼德国王阿里亚拉姆尼斯统治的年代，他在公元前 7 世纪后半叶就已经统治了安善。铭文翻译如下：

> 阿里亚拉姆尼斯，伟大的国王，万王之王，波斯之王，泰斯佩斯之子，阿契美尼斯之孙。
>
> 国王阿里亚拉姆尼斯说："我掌控的这片有良马、良民的波斯土地，是伟大的神阿胡拉·马兹达赐予我的。在阿胡拉·马兹达的庇佑下，我成了国王。"

阿里亚拉姆尼斯国王说："愿阿胡拉·马兹达祐助我。"[5]

另一块金板可以追溯到阿里亚拉姆尼斯之子，阿尔萨美斯统治时期。这块金板上记载了类似的内容，"他（阿胡拉·马兹达）将波斯赐予我"。接着阿尔萨美斯继续恳求："愿阿胡拉·马兹达保佑我及我的王室，愿他保佑我掌管的这个国家。"虽然这些金板的年代在波斯帝国建立之前，但从中可以看出，从那时起宗教就与帝国紧密相连。用现代的术语讲，这就是帝国发展过程中的政教合一。在整个阿契美尼德王朝时代，政治与宗教始终紧密地联系在一起。

对古代波斯人来说，琐罗亚斯德教为他们的行为提供了道德上的正当性，尤其为他们在中东地区建立帝国提供了正当理由。帝国的核心是沙汗沙，万王之王，他确信他的帝国得到了阿胡拉·马兹达的信任。帝国是阿沙（真理与善良）的世俗代表，与德鲁杰（邪恶与谎言）不断战斗。那些与阿契美尼德帝国为敌的人，以及反对他们统治的人，都被称为"骗子"。因此，阿契美尼德人认为追求阿沙会得到秩序，追随德鲁杰则会不可避免地陷入混乱与痛苦。

在火神庙与皇家宫殿中，阿胡拉·马兹达被刻画为法拉瓦哈，即神与有翼太阳圆盘的结合。沙汗沙崇拜的阿胡拉·马兹达会被描绘成法拉瓦哈的形象，在神庙中，沙汗沙会从神那里寻求指导与支持。正是借助这种与神之间的互动，国王拥有了特殊的品质，因此获得至高无上的权力。在苏萨发现的一处铭文中提道："（阿胡拉·马兹达）立大流士为王，诸王之王，诸司令官之王。"这清楚地表明，是阿胡拉·马兹达赋予了阿契美尼德王朝独一无二的世界地位。

阿契美尼德王朝的统治者们留下了许多楔形文字石刻，尤以大流士为多。这些石刻铭文记录了很多关于国王的活动，从中我们可

图 23　有翼的阿胡拉·马兹达形象，波斯波利斯宫殿大厅中的浮雕，公元前 500 年

以看到琐罗亚斯德教的重要性。得到阿胡拉·马兹达的支持是做一切事情的基础，大流士入侵巴比伦后就承认了这点：

在阿胡拉·马兹达的帮助下，我们渡过底格里斯河，击败了尼丁图·贝尔（Nidintu-Bel）的军队，之后尼丁图·贝尔带着几个骑兵逃到巴比伦。我随即赶往巴比伦，在阿胡拉·马兹达的帮助下，我占领了巴比伦，俘虏并杀死了尼丁图·贝尔。[6]

"在阿胡拉·马兹达的恩泽下""在阿胡拉·马兹达的帮助下"

是大流士战斗过程中反复出现的话语，这种来自神的统治正当性（支持）与祐助，为波斯帝国带来了长治久安。阿胡拉·马兹达的命令是："不许离开正确的道路。"当然，这条"正确的道路"就是阿契美尼德王朝的追求，背离此道者，即为"错误的道路"，或者说是邪恶之路。大流士断言："我是正道之友，而非邪道之友……只要是对的，就是我的愿望。"因此，阿契美尼德帝国的成就建立在坚定的信念之上，他们的神指引着他们前进的方向，确保他们取得成功。为了使这种令人满意的状态持续下去，大流士总是保证说："我已向阿胡拉·马兹达祷告。"

因此，阿契美尼德国王的所作所为总被看作是受斯潘塔·曼尤的指引，因为他们与安格拉·曼尤进行了无情的斗争。这也被波斯人用来解释自己的崛起之路：一个曾经生活在亚洲大草原上弱小而贫穷的民族，最终成为中东古代文明的统治者。他们坚信自己所做的事都具有正当性，这种正当性来自宇宙之神阿胡拉·马兹达的授权，阿胡拉·马兹达指引他们走上正确的道路。

这一章的标题是"查拉图斯特拉如是说"，取自德国哲学家弗里德里希·尼采于1883—1885年完成的著作的标题。在这本书中，尼采表现出对道德，尤其是当时基督教道德的批判。尼采被查拉图斯特拉所谓的"道德二元论"所困扰，他的目标是超越善与恶，到达他所认为的最高境界。[7]琐罗亚斯德教是第一个善恶二元论（并

图 24　被阿胡拉·马兹达俯视的大流士一世, 贝希斯敦山上的浮雕, 旁有楔形文字, 伊朗

且站在善的一方) 的中东宗教。对尼采来说, 正是这个宗教引入了他完全反对的东西。然而, 阿契美尼德人却持有完全不同的观点, 他们认为该宗教提供了帝国统治的正当性, 也是统治的理想方式。查拉图斯特拉所说的 "话" 被 20 世纪法西斯国家用另一种完全不同的方式解读, 例如德意志第三帝国[1], 他们用尼采的思想为自己的野蛮行为辩护。不幸的是, 波斯帝国并不被后来的帝国视为典范。

[1] "第三帝国" 一词继承了中世纪的神圣罗马帝国 (第一帝国, 公元 962—1806 年) 与近代的德意志帝国 (第二帝国, 1871—1918 年)。德国人将神圣罗马帝国定义为 "德意志第一帝国" 并和后来的德意志第二帝国与德意志第三帝国 (1933 年成立的纳粹德国) 加以连论。

第 7 章

失乐园

来自中亚的印欧人曾经是草原上的游牧民，当他们从草原迁徙到大陆中心时，也带来了牲畜和游牧的生活方式。当游牧民遇到河谷地带的城市定居文明时，很快被这种新鲜而又陌生的世界所吸引，他们原本的生活方式开始改变。但是，由于这些亚洲部落迁徙到的地方自然地理条件非常多样，他们遇到了不同的土地类型，不同的生态环境，所以这些人面对相应的新环境也做出了不同的选择。

公元前两千纪末期，向南移动到印度次大陆的雅利安人进入印度河—恒河流域的大河平原地带，他们接触到在该地区已经存在了很久的文明。[1] 来自印度河、恒河及其他支流的水资源、土壤和沉淀的养分，使这里拥有发达的农业、产出丰富的食物以及农作物。农业多元化为大城市和北印度文明的产生奠定基础。由于雅利安人原是游牧人群，所以他们无法很好地适应农业经济，他们带来的牛成为他们曾经生活在干旱草原上的高贵的象征。雅利安人过去在中亚地区游牧时，有很多关于牛的传说故事，因此随着时间的消逝，对牛的崇拜成为多神印度教的核心特征。

那些迁徙到中东的印欧人与迁徙到印度的印欧人很多经历都很相似。他们迁入的地方也有两条大河，即底格里斯河与幼发拉底河，他们在那里接触到了已经存在很久的城市文明，该文明主要体现在伟大的城市——巴比伦——世界上最早的城市之一，该城历史可以追溯到公元前三千纪。两河流域是美索不达米亚的核心区域，也是该地区政治、经济中心。当波斯人在公元前一千纪初期开始向南迁徙的时候，两河流域就已经存在大量人口，其中还包括很多其他地区的移民。正如我们了解的那样，此时强大的亚述帝国控制了美索不达米亚西部大部分土地，而米底人在美索不达米亚中部建立了强大的国家。还有其他民族，比如安纳托利亚的吕底亚人和扎格罗斯山以南的埃兰人，他们也建立了强大的国家。

面对如此激烈的土地争夺，波斯人最初并没有进入更富饶的西部地区，而是向南穿过位于厄尔布尔士山与扎格罗斯山之间干燥的高原。这片高原东部是干旱的沙漠和半沙漠地带，降水很少，夏季温度很高。在扎格罗斯山北部山脚下，波斯人历经千辛万苦找到了一些可供放牧的草场，并在靠近西部有更多人类生活的区域找到了落脚点。公元前 7 世纪，波斯人建立了两个彼此相邻却又独立的国家，分别是西边的安善和东边的帕尔斯。这两个国家的统治家族都是阿契美尼德王朝缔造者——阿契美尼斯的后裔，但两者之间互相敌对。

由于波斯人所迁入的地方非常干旱，几乎不产粮食，所以此地对于这些游牧民的吸引力甚至不如当初他们离开的中亚草原。在中亚草原及其南部半沙漠地带，通常都有足够的牧草供给他们的牲畜，而他们迁入的新环境却并非如此。扎格罗斯山地区降水相对较多，而且春季还有冰山融雪，拥有充足的水源。这样的地理条件使波斯人不得不利用灌溉技术，将山区的水源引到干旱的地方。当然，灌溉在当时并不是一个新的概念。在河谷地区的城市文明中，灌溉早已成为农业生产的核心内容。美索不达米亚的富庶，很大程度上归功于人们对灌溉技术的了解。但是，在沙漠和半沙漠的高原地区进行灌溉是一个全新的技术，最大的困难是如何在酷热的夏季进行远距离调水。如果简单地利用水道引水，那么大量的水还未到达下游草场，就已蒸发或被地表吸收。在这样的自然条件下，来自山区的水源很快就会枯竭，扎格罗斯山东部的水源只有很少一部分能流入大海。

随着"卡纳特"（qanats）技术的发明，供水难题迎刃而解。有很多证据表明，这项技术是波斯人发明的，发明时间约为公元前10—前8世纪。[2]卡纳特是一个地下河道系统，将山区的水引流到地势较低的地方。水道上方通常盖着厚厚的石板，防止水分蒸发。有时卡纳特修建在距离地表很深的地方；在地势较高处，则修建在地表之下很浅的地方。这种地下灌溉系统被证明是引水的绝佳方法，引水的过程中只有一小部分水源流失，这就意味着该方法可以运用到土地贫瘠的地区。当然，当时的游牧民并不熟知农业生产，所以这些水资源很可能是为了喂养牲畜、改善草场状况。但是，他们很快就从其他民族那里学会了如何种植农作物，尤其是他们的邻居——米底人。正如我们从历史中看到的，米底人在很多方面都是波斯人的导师。

波斯人十分清楚这项灌溉技术可以为他们饲养牲畜提供巨大的帮助，此外他们也开始尝试种植各种各样的植物。通过各样的试验，他们开始生产可被用来当作食物的农作物，而且在掌握该项技术后便着手改善和美化自己的生存环境。于是，波斯人开始在居住环境中种上花花草草，还有各种水果和蔬菜。波斯人很快就发现，在高原炎热的夏季中，用卡纳特灌溉系统引来的水可以帮助他们种植各种植物。

不过，高温虽然能够帮助农作物生长，但对于耕作的劳动者来讲却极为辛苦。为了改变这种状态，他们种植了很多树木来提供树荫使劳动者能够感到凉爽，就像世界其他地方一样，在聚落周围种树。按照罗纳德·金的说法，这或许就是波斯花园的起源。³ 树木带来了树荫和防护，使人们感觉凉爽，这与生活在沙漠—半沙漠时期相比舒服得多。

为了能够高效地利用珍贵的水源，波斯人最初是在相对较小的区域试验这种方法，由此发展出了"花园"而非农场。这种生活与早期波斯人习惯的大草原游牧生活形成了鲜明的对比，这也刺激了他们对新技术的追求。精心照料的农作区域必须要用围墙围起来，以防受到外界干扰及干燥环境的破坏。有证据表明，利用卡纳特引来的水被波斯人储存在蓄水池中以供全年使用。开闸放水时，水流会沿着设计好的河道将封闭区域切割成不同的形状。这项技术既能灌溉封闭区域，又能够使封闭区域形成各种形状从而让整个花园富有审美情趣。利用这种方式，波斯花园成为一种艺术形式。

波斯人的这一发明使沙漠—半沙漠地区变成了"乐园"，并且成为波斯人生活的中心。在古波斯文中，"pairidaeza"意为"封闭的公园"或"乐土"，这与波斯人最初迁移到的扎格罗斯山北部差异巨大。这个概念很可能始于移民刚到这里的时候，"乐园"一词也应该就是此时出现的。[4]罗纳德·金认为，这个词指代的是"位于中间"的温暖之处，有阳光与树荫，还有令人愉快的流水。这种人工营造出的宜人环境和大部分中东地区典型的极端气候大相径庭。这个封闭而珍贵的空间在之后的古代中东变得十分重要：

> 快乐更多的是与封闭联系在一起，而不是开阔……因为沙漠、丘陵、风、阳光对人类来讲太残酷。当人们想到愉悦的地方，第一反应会是绿洲或花园，在那里人们可以享受树下阴凉、丰沛的水与各样水果。[5]

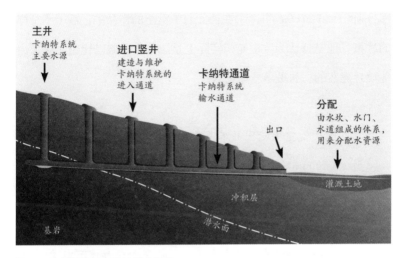

图 25　卡纳特灌溉系统输送水示意

有证据表明波斯文中"pairidaeza"的相关知识在公元前 6 世纪就已经存在了。色诺芬在《经济论》（Oeconomics）中记载了希腊人是如何赞叹居鲁士在弗里吉亚旧都萨狄斯的花园（pairidaeza）。居鲁士对拥有这些花园十分自豪，而且他会花很多时间待在花园中，甚至亲自设计花园、栽种花草。[6]

中东地区的花园中，最著名的就是巴比伦的空中花园——古代世界七大奇观之一。很多史料中都记载了它的起源，流传最广的是，这座花园是尼布甲尼撒二世为其来自米底的妻子修建的，她来到巴比伦后十分怀念故乡的风景与流水。此外，空中花园的灵感很可能源于亚述首都尼尼微的公园或花园。有意思的是，狄奥多罗斯·塞库鲁斯（Diodorus Siculus）[1]在公元前 1 世纪的作品中记载了不一样的故事。他坚持认为空中花园实际上是居鲁士征服巴比伦之后才由他设计建造的。狄奥多罗斯记载：

> 巴比伦空中花园并不是由巴比伦的建造者塞米拉姆斯（Semiramus）所建，而是由后来的国王居鲁士所建，因为有一名波斯大臣……用一座人工花园取悦国王，该花园模仿了波斯的景观。这个花园长 100 尺，宽 100 尺，分为多层，看起来像一个剧场……最高处走廊设有水道，水泵将河里的水沿水道输送到花园顶部。[7]

当德国考古学家罗伯特·科德威（Robert Koldewey）在 20 世纪初发掘巴比伦遗址时，他发现的考古证据与狄奥多罗斯的记载惊人的一致。

正如我们看到的，当时的希腊人已经十分了解波斯花园了，他们将其视为令人尊敬对手的另一项伟大成就。色诺芬记载了苏格拉底（Socrates）所说的一段话，按照这位哲学家的说法，波斯国王与花园、园艺密不可分：

---

[1] 出生于西西里，公元前 1 世纪古希腊的历史学家，著有世界史《历史丛书》（*Bibliotheca historica*）四十卷。

> 不论他住在哪一个行省，不论他旅行到何处，他所
> 关心的东西一定是花园，花园中的土壤会生长出各种各
> 样的好东西。他大部分的时间都花在花园之中。[8]

历史与考古的证据表明，虽然现在居鲁士之墓孤零零地伫立在帕萨尔加德荒凉干燥的旷野中，但此地在阿契美尼德时期并不是这样。当亚历山大大帝击败波斯来到这里时，陵墓之上还有一座庞大的墓上建筑，四周环绕着漂亮的花园和各种树木。考古发掘表明，整个地区都布满了卡纳特灌溉系统，能将扎格罗斯山脉北坡的水输送到这里。

如果波斯人想要让他们从中亚迁徙到伊朗高原的艰辛旅途显得有价值，那就有必要做点什么让这里的环境变得更好。无论是光秃秃的岩山，还是沙漠或半沙漠，这些地方都不太适合作为人类的居住地，但是如果能够把其他地方的水引来，人们便可以改善这样的环境。波斯人在这里种植树木，建立围墙，精心照料这片干燥炎热的高原，并将其改造成花园。当这些花园出现在周围的村庄和小镇时，也出现在皇家宫殿中，他们创造出了由建筑和花园组成的人文景观。这样的景观与外部光秃秃的地面形成了鲜明的对比，这使花园中的景色更能引起来访者的赞叹。这种花园当时一定围绕在波斯波利斯周围，为它增色不少，不但令人难忘，还能体现出波斯波利

斯作为阿契美尼德首都的威严。

对波斯人来说，他们并没有"失乐园"的概念，因为他们原先的生活环境更加艰苦。他们"得到"的乐园是凭借自己的努力创造的，最终成为最让人印象深刻的奇迹。

"波斯花园"后来转化成基督教世界的一个宗教概念，波斯的穆斯林作家则将这个概念融入琐罗亚斯德教中。在菲尔多西的《列王纪》中，常常出现作为宗教概念的"乐园"。他描述了先知琐罗亚斯德如何创造乐园：

> 他从长着漂亮叶子的树后面穿过，人们在树的枝杈下乘凉，任何人只要吃一口树叶，就会在今后的日子里变得学识渊博，但如果有人吃了树枝，则会在智慧与信仰上变得完美。[9]

波斯语"pairdaeza"的希腊语翻译是"paradeisoi"，这个词先被引入希腊，之后被引入欧洲。亚历山大城中《旧约》的翻译者将这个词与伊甸园等同，后来的早期基督教作家将这个词用作"天堂"（Heaven）的同义词。波斯花园的水在蓄水池中储存后，通常会被分为四部分，相应地，花园也被分为四个不同区域。值得注意的是，这种四分的形式被复制到对伊甸园的描述上。按照《圣经》所说，

"有河从伊甸流出来，浇灌整个园子，并被分为四部分"。(《创世记》2:10）巴比伦之囚中的犹太人很可能目睹了这样的设计，所以《圣经》中的描述才会与波斯花园有如此高的相似度。

乐园的概念一直延续到中世纪，但内涵却转变为只对道德高尚者开放的人间乐园。当时的基督教作家把居鲁士看作因征服欲过度膨胀而自取灭亡的典型形象，但却将波斯花园视为乐园的象征，并作为基督教故事的核心部分。

这种观点可以通过分析赫里福德世界地图中世纪欧洲部分得到证实。地图是当时人们对于理想世界的描绘，在所有中世纪地图中，最重要的就是赫里福德世界地图，它创作于 13 世纪，在这幅地图中，乐园是一座位于东方的小岛，出现在地图的最上方。有四条河流分布在这个岛上，岛中央生长着一棵树。这棵树就是生命之树，也就是亚当与夏娃的故事发生的地方（当然他们最终因为触犯禁令而被驱逐出乐园）。赫里福德世界地图上的乐园被围墙环绕。基督教的乐园与波斯人的花园非常相似，我们从中可以明显看出"pairidaeza"这一概念的影响。地图中乐园下方的是巴比伦，这里是巴别塔的所在地。毫无疑问，这里被描绘成邪恶的中心。

很多例子都表明，源自波斯的花园概念被中世纪的基督教改编了。居鲁士，这位酷爱花园的帝王被基督徒视为"贪得无厌"的代表，但是他创造的花园却被基督徒看作理想的人间。

图26　19世纪复制的赫里福德世界地图，东部有乐园与河流，巴比伦在乐园下方，耶路撒冷位于世界中心

　　基督徒对于人类应该遵循的道德准则与行事方法，与阿契美尼德人的理想存在很多相似的地方。波斯人抱着坚定的信念，认为建

立自己的帝国是在完成阿胡拉·马兹达指派的任务，而且他们所做的一切都是基于斯潘塔·曼尤（善灵）与阿沙（善良）之上。

花园（pairidaeza）毫无疑问是阿契美尼德人最重要的发明之一，而且他们所创造出的美丽环境和向善的理想联系在了一起。这种理想随后成为阿契美尼德传奇中生命力最持久的部分。花园的概念随后与其他宗教与理想结合在一起，向我们展示了古老帝国的独特价值观最终成为历史的一部分。

卡纳特灌溉系统发挥了两方面功能：将荒芜之地变得美丽，让这里的人们在宜居的环境中生活；更重要的是，卡纳特灌溉系统使波斯人能够生产农业资源，这些资源使他们得以创造并维系庞大的帝国。地理学家莱特福特教授（D. R. Lightfoot）曾说道："卡纳特灌溉系统的历史，就是后继多个帝国能够延续发展的催化剂。"[10]阿契美尼德帝国之后的帕提亚帝国与萨珊帝国继续在波斯和他们征服的土地上推广卡纳特灌溉系统，这些地方的环境原本十分恶劣。该灌溉系统很好地解释了波斯诸帝国能够一直延续，以及波斯人拥有强烈认同感的原因。

第 8 章
马其顿的亚历山大及希腊化

古希腊人的世界被众多非希腊民族包围，这些民族经年累月受到希腊文明的强烈影响。马其顿人是这些民族中重要的一支，他们生活在希腊世界北部边缘地带。他们从南边的希腊人身上学到很多东西，从伟大的古典文明中汲取了营养。公元 4 世纪，马其顿贵族，尤其是王室的子嗣，都被送往雅典或其他希腊城市完成学业。无论在马其顿还是希腊，雅典哲学家都会受聘成为导师。

年轻的国王亚历山大，在其父腓力二世（Philip Ⅱ）于公元前 336 年被暗杀后登基。他本人在各方面都受到希腊文化的影响。他认为马其顿是希腊化世界的一部分，因此他的职责就是维护希腊化世界的安全。对这位年轻的马其顿国王来说，想要完成这个目标，就一定要做到两件事：一是将希腊城邦统一起来，使其成为单一而强大的国家；二是要永久性地解除来自波斯人的威胁。虽然希腊与波斯的战争岁月早已结束，但至少在当时，这个强大的东方帝国于希腊而言，仍然是位于爱琴海另一边危险的邻居。虽然波斯在之前一个世纪就开始战略收缩，但是波斯帝国仍然主导古代世界大部分地区。然而阿契美尼德王朝已经变得羸弱，因此要对抗他们并非难事。

亚历山大初登王位就对波斯人发起进攻。他攻打波斯的初心在于削弱波斯帝国，改变过去两百年来波斯主导古代世界的局面。

公元前 334 年，亚历山大率军越过赫勒斯滂，在安纳托利亚北部格拉尼库斯（Granicus）附近，遭遇由万王之王大流士三世率领的波斯大军。马其顿人的重骑兵轻而易举地击败了波斯轻骑兵。波斯人在这场战斗中损失惨重，折损了不少将领。这场失败动摇了波斯的根基，波斯人的孱弱完全暴露了（尽管波斯人并不愿意承认）。从军事意义上来讲，这场胜利为马其顿人进入安纳托利亚拉开了序幕。

公元前 333 年，马其顿大军在伊苏斯（Issus）再次遭遇大流士军队，这里与安纳托利亚南部亚历山大湾（Gulf of Alexanderetta）离得很近。按照希腊目击者的说法，3.5 万名马其顿士兵遭遇"一大群亚洲人"。希腊历史学家常常夸大敌军人数——尤其是希罗多德——将希腊人的数量与之前进行比较，认为亚历山大军队人数肯定比参加格拉尼库斯战役的人数少得多，因为大部分军队都留守在已经占领的地区。但是，亚历山大再一次获得胜利，波斯人损失惨重，无奈再次撤退。

这场战役后，亚历山大挥军南下，到达地中海沿岸并进入埃及。虽然此时的埃及已经不是波斯帝国的一部分，但亚历山大的入侵无疑加强了希腊在地中海地区的影响力。在埃及北部尼罗河三角洲沿海区，亚历山大建立了第一座亚历山大城，这是亚历山大众多伟大成就之一。自此，他开始将建造的新城市当作矗立在野蛮亚洲世界中希腊文明的灯塔。

公元前 331 年，亚历山大向东进军，来到美索不达米亚，在那里，他和波斯人开始了第三次正面对决。这次战斗发生在古亚述人首都尼尼微附近的高加米拉（Gaugamela）平原。毫无疑问，波斯军队在人数上占据巨大优势，但马其顿人更具纪律性及组织性。波斯军队中有大量被征服民族的士兵，这些士兵很难驾驭。[1] 亚历山大再次赢得胜利，这场战役也直接导致波斯帝国解体。由马其顿人改进的希腊方阵在战争中发挥了巨大作用[1]，确保了马其顿军队在面对波斯军队时能够组织起有效的防御。[2] 大流士向东败逃，但此时他身边已几乎无人跟随。这位末代阿契美尼德统治者最终被巴克特里亚总督贝苏斯（Bessus）杀害。当居鲁士在帕萨尔加德取得对米底人的伟大胜利、带领阿契美尼德人登上历史舞台两百年后，波斯帝国最终消逝在东方的群山中。

还有一种说法是，米底人的帝国并未真正灭亡，而是以另一种状态继续存在。从某种意义上说，马其顿人的征服也可以从这个视角来看。大流士死后，亚历山大向世界宣布自己是万王之王。很明显，亚历山大认为这个已经主导中东很久的帝国

---

[1] 马其顿方阵是一种早期步兵作战时的战术，希腊重步兵方阵的改良方阵。自公元前 333 年的伊苏斯之战和公元前 332 年的高加米拉会战以来，马其顿方阵的威名传遍了古代地中海区域，马其顿的敌人提起它就会感到战栗，因为亚历山大大帝使方阵变成了一个传奇。

应该延续下去，只不过主导者换成了来自欧洲边缘的马其顿人。亚历山大随后向波斯波利斯进发，占领这座城市后，举行了盛大的胜利庆典，之后便下令摧毁这座城市。我们不知道为什么亚历山大要大肆破坏波斯波利斯，有人认为他是撒酒疯，还有人认为是对大流士与薛西斯入侵希腊的报复。不管是出于什么原因，这个事件标志着阿契美尼德帝国的灭亡。亚历山大要将这个帝国希腊化，并使其再次兴盛。马其顿人以及借助马其顿人之力的希腊人，如今成为古代世界的主导力量。然而，亚历山大征服的野心并未得到满足，他想去世界的尽头看看，去探索那里有什么东西能够威胁到自己的国家。他的举动与居鲁士非常相似，而且就连结果也有很多相似之处。他在很多地方修建了堡垒，并率军进入中亚。他占领了阿姆河与锡尔河之间大部分地区，并且深入到连之前阿契美尼德人都会感到冒进的中亚，这里正是居鲁士大帝命丧黄泉之处。亚历山大继续向南前进，从开博尔山口（Khyber Pass）穿越巴克特里亚群山进入印度。他将印度河地区大部分区域都纳入自己统治范围。此后他开始向西进军，在波斯湾地区取道水路回到美索不达米亚，抵达巴比伦，并打算在这里建立自己帝国的首都。

　　亚历山大计划中的帝国借鉴了波斯人的帝国。尽管他们是波斯人的死敌，但希腊人对他们的敌人表现出了极大的尊重，并将这种尊重一直延续到击败波斯人之后。希罗多德曾经总结过一名波斯少年接受教育的内容："他们从五岁到二十岁之间要学三件事：骑马、射箭及讲真话。"汤因比认为亚历山大对波斯人的美德极其尊重，并体现在实际行动中。[3] 他娶了索格底亚纳首领奥克夏提斯（Oxyartes）的女儿罗珊妮（Roxane），并鼓励自己的手下与当地人通婚。[4] 他力排众议，招纳波斯人进入马其顿军队。从某种角度来看，他并不像是一个新帝国的开创者，反而更像是最后一个阿契美尼德人。他的目标是将波斯与希腊的混合体纳入一种全新的、统一的世界秩序中。他的目标并不是毁灭波斯帝国，而是希望将它改变成一个希腊化帝国。两位"大帝"——居鲁士与亚历山大——在很多方面都很相似。但是居鲁士创造了第一个世界帝国，而亚力山大的目标却并未实现。亚历山大在公元前 323 年去世，享年 33 岁[5]，他试图建立一个新的希腊化帝国的计划仅停留在初步阶段。

亚历山大在东方历史文献中被称为伊斯坎德尔（Iskander），而且形象非常模糊。西方文献中通常将他塑造成将希腊文明带到东方的英雄。实际上，在东方很多文献的记载中，他成为神话或传说中的浪漫英雄，或是英雄般的国王、理想中的国王，类似于欧洲文化传统中亚瑟王的形象。

波斯文的资料则较为模棱两可。亚历山大被描绘成一个伟大的政治家和一个拥有英雄气概的领袖。但同时，他还是波斯城市的破坏者，尤其是对波斯波利斯和苏萨的破坏。菲尔多西在《列王纪》中描述了亚历山大如何摧毁伊朗列王的神秘王座"塔克迪斯"（Taqdis）。起初，菲尔多西试图将亚历山大描述为与大流士有一半血缘关系的兄弟，以此赋予其继承波斯王位的正当性，但后来他将亚历山大描述成恶魔，是毁灭波斯人的敌人。

琐罗亚斯德教的记载则不存在类似模棱两可的情况，而是直接点明亚历山大是无可争议的凶手，他杀死了很多祭司，浇灭了很多圣火，摧毁了很多神庙。在后来琐罗亚斯德教的记载中，亚历山大与安格拉·曼尤享有同样的头衔——Guzastag（受诅咒者）。

亚历山大去世后，马其顿人的统治虽然成功，但始终缺少一名领导者。马其顿帝国不同区域各有统治者，但他们缺少一个能够引领他们更进一步的皇帝。最重要的是，他们无法像波斯帝国一样紧密地联合在一起。据说亚历山大去世前，围绕在他周围的人们希望他能够选出一位继承人，而亚历山大的回答是："最好的那个人。"[6]到底谁才是最好的呢？这成了一个谜。因为没有一名确定的接班人，亚历山大最亲近的人——他的将军们——开始争权夺位。这些人被称作"迪亚多齐"（Diadochi）——继承者。最终，唯一的方法是将帝国分裂。

塞琉古（Seleucus）统治美索不达米亚及古波斯的中心地区，他在美索不达米亚巴比伦北部不远处建立了都城塞琉西亚

（Seleucia）[1]。因此，这个帝国与亚历山大设想中的帝国的地缘政治结构是一样的，亚历山大曾经想将巴比伦作为首都。他希望建立的帝国新秩序是基于波斯与希腊的融合，但塞琉古帝国并没有融合的迹象。在塞琉古统治区域内，推行希腊化的措施得到延续。塞琉古帝国是波斯希腊化时期的中心。亚历山大曾计划在波斯帝国各地建立希腊化城市，将这些城市作为传播希腊文明的中心。在他短暂的统治生涯内，他以巨大的热情开始了这项计划。城邦——"波利斯"（polis），是马其顿帝国在希腊本土的基本行政单位，也是亚历山大在帝国推行希腊化的模范。马其顿人期望建立一个城邦帝国（empire of city-states），所以他们一开始就希望将整个爱琴海世界复制过来。亚历山大建立的第一个也是最有名的城邦是埃及的亚历山大城，随后他又建立了更多类似的城。这些城北至中亚，东至印度，被看作亚历山大希腊化的基石以及帝国坚固的前哨站。

当亚历山大的遗产被继承者们分割时，一个巨大的自由贸易区开始出现，这片区域涵盖了整个希腊化世界，从地中海延伸到印度河。希腊语成为通行的语言，希腊商人与官员成为最有权势的人。

---

[1] 塞琉西亚是希腊化时期的一座大城市，坐落于美索不达米亚的底格里斯河畔，与泰西封对望。公元前4世纪初，马其顿亚历山大帝国分裂后，其部将塞琉古建立以叙利亚为中心的塞琉古帝国（中国史书称条支），建都安条克，塞琉西亚是其外港。

虽然希腊化世界在政治上是分裂的，但是希腊化整体进程一直在稳步推进。

将长期以来针锋相对的帝国和城邦重新联合，并建立新希腊世界秩序的理想一直被保存下来。这个理想只是在塞琉古帝国被部分实现。在可以替代旧体制的地缘政治世界结构中，有两个原则性因素是根本无法达成的。[7] 这就是为什么塞琉古虽然如此接近希腊化理想，但始终无法令其长久延续的原因。最终，还是霸权主义获得胜利，此时城邦并不是它的伴随品，而是牺牲品。[8] 在好几个世纪中，很多被遗忘的亚历山大城星星点点地散落在旧波斯帝国的土地上。[9]

塞琉古帝国延续了一个多世纪，公元前 150 年，另一支游牧民族向南迁徙，这群人是帕提亚人（Parthians），他们开始一点一点地取代塞琉古人。帕提亚人占据了古波斯帝国的大部分东部领土，并很快与主导地中海地区的罗马人遭遇，此时罗马人正谋求向东扩展。公元前 53 年，帕提亚人在美索不达米亚的卡莱（Carrhae）彻底击败罗马人[1]，这场战役可以说是罗马东扩野心的终结。

---

[1] 卡莱战役是公元前 53 年罗马和安息帝国（帕提亚）在卡莱附近进行的一场重要战役，由罗马统帅克拉苏对阵安息帝国名将苏莱那（苏雷纳）。罗马军过于深入安息境内，且主要以重步兵为主，被等候在那里的安息弓骑兵击败。最终，安息以不足 2 万的兵力大破罗马 4 万大军，克拉苏被杀，罗马军团鹰旗被夺，这是罗马帝国最耻辱的战斗之一。

公元 2 世纪，正值国力巅峰的罗马人再次向东进入美索不达米亚，他们又一次和帕提亚人产生摩擦。此时帕提亚人已经衰落，根本无法与罗马人相匹敌。罗马人不费吹灰之力就占据了这片地区，将此地区划入庞大的帝国版图中。但好景不长，罗马人很快遭遇了更加强大且韧性十足的对手——来自东方的新波斯帝国，他们取代了帕提亚人的统治，正冉冉升起。

这个新帝国将阿契美尼德人当作效仿的对象，并渴望复制他们的成就。虽然阿契美尼德帝国在几百年前就已陨落，但他们在地中海及中东留下了丰富的政治及文化遗产。如今这些政治及文化遗产被新波斯帝国重新发掘，在变幻莫测的中东世界扮演着极其重要的角色。

第 9 章

帝国复兴：萨珊王朝

帕提亚人的领土面积达到峰值时，其统治范围包括现代伊朗大部分地区、美索不达米亚、安纳托利亚东部及阿富汗。帕提亚人竭尽全力地想要证明自己与阿契美尼德王朝的联系，以此凸显自身统治的正当性，但是，除了相对较晚的中亚起源外，对外宣称的其余事情大多不能令人信服。如同之前的几个帝国一样，帕提亚人将美索不达米亚作为权力中心，定都底格里斯河畔的泰西封（Ctesiphon）[1]，毗邻塞琉古王国首都塞琉西亚。帕提亚帝国的统治一直延续到公元3世纪中叶，但从公元2世纪开始就出现了衰落的迹象，公元3世纪时帝国已处于动荡之中。

公元114年，罗马帝国皇帝图拉真（Trajan）命令军队攻占美索不达米亚。帕提亚人的首都落在了罗马人手中，他们不得不向东撤退。但是罗马人并没有占领美索不达米亚太久，很快就撤退到更容易防守的叙利亚。从此，帕提亚人愈加羸弱。

从五百年前阿契美尼德帝国灭亡开始，来自东欧与中亚的入侵者就一直统治着波斯。公元3世纪初，当罗马人与帕提亚人开战后，中东很快陷入混乱之中。在这段艰难的岁月中，出现了一股试图复兴阿契美尼德帝国的势力。反抗帕提亚人的行动由一名叫阿尔达希

---

[1] 泰西封是伊拉克著名古城遗迹，亦译"忒息丰"，位于首都巴格达东南32公里处。此地初为帕提亚人对抗塞琉古王朝的驻军之地。后建有城池，采取两河流域常见的城市建筑形制，城墙呈圆形。

尔（Ardashir）的人主导，他来自旧阿契美尼德帝国核心地带与统治中心帕尔斯。阿尔达希尔（阿尔塔薛西斯）在公元 208 年控制了帕尔斯，并以此作为基地开始征服周边地区。公元 224 年，阿尔达希尔率军在霍尔木兹战役中击败帕提亚人，帕提亚的末代统治者也在这场战役中丧生。

公元 226 年，阿尔达希尔宣称自己是阿契美尼德人的后代，并自封为王（Shah）。这个事件标志着波斯萨珊王朝的诞生，"第二波斯帝国"在接下来的四个世纪中统治波斯。阿尔达希尔将他的首都从帕尔斯迁往泰西封，这一举动使他的帝国开始向西发展。

萨珊人成功应付了一系列对手，其中包括东边的贵霜人（Kushans）及西边的亚美尼亚人（Armenians），此后，他们与主导西方世界的罗马人发生了冲突。这两股势力对中东主导权的争夺持续了几个世纪。对双方来说，这场冲突是他们外交政策与地缘政治的中心，他们将彼此看作自己的头号敌人。

阿尔达希尔决定将他的首都从故土帕尔斯迁往西边的泰西封，与此同时，罗马帝国将自己的统治中心移向东方。公元 306 年，君士坦丁（Constantine）登基，他决定将首都从罗马移至位于博斯普鲁斯的希腊古城拜占庭，并将其命名为君士坦丁堡。这座城市地处爱琴海与黑海交界处，从战略上讲，君士坦丁堡更有利于罗马帝国在东方的发展。在接下来的几个世纪中，君士坦丁堡成

图 27　大流士及其后代陵墓，纳克什—鲁斯塔姆

为欧洲最伟大的城市及东正教的中心。[1] 罗马帝国将首都迁往东方，这表明该地区不仅重要、富裕，而且帝国最大的隐患也来自这个方向。按照梵甘·科尼什的说法，从此波斯与罗马两个帝国的首都成为"前锋"首都。[2] 这意味着两个首都不仅是各自帝国的权力中心，同时也是防守的根据地，如果顺利的话，还是未来领土扩张的基础。

　　萨珊王朝统治初期，这个新王朝的国内组织方式与阿契美尼德人是相同的。总督（行省）制度再度实行，每个行省由一名总督管理，这些总督直接对万王之王负责。最重要的是，古老的法律系统，也就是阿契美尼德王朝"米底人与波斯人的法律"，开始在萨珊王朝重新施行。[3] 阿契美尼德人信奉的琐罗亚斯德教得以复兴并被奉为国教。正如

阿契美尼德王朝一样，琐罗亚斯德教为萨珊王朝的统治提供了正当性。

　　阿尔达希尔的继承人是他的儿子沙普尔一世（Shapur I）。与他的父亲一样，沙普尔一世也使用了"万王之王"的头衔，而且还加上了"伊朗与非伊朗"的部分，以此展现他的帝国雄心。在统治帝国的三十年中，沙普尔一世最热衷的是发动各种边境战争。在东方，萨珊波斯受到贵霜的威胁，西方则是来自罗马人的压力。为了对付两个方向的威胁，沙普尔一世采用了有点类似"施里芬计划"的策略。[4]

　　沙普尔一世向贵霜发起进攻，随后在贵霜人的核心区域——北印度地区击败他们。这使萨珊波斯的疆域进一步东扩，从阿姆河扩展到印度河，领土范围包括今天的阿富汗及乌兹别克斯坦大部分区域。

公元 226—241 年	阿尔达希尔（Ardashir），萨珊王朝建立者，自称"万王之王"
公元 241—272 年	沙普尔一世（Shapur I），带领波斯战胜罗马，摩尼教成为主流
公元 273—276 年	巴赫拉姆一世（Vahram I），支持琐罗亚斯德教，迫害摩尼教徒
公元 276—293 年	巴赫拉姆二世（Vahram II）继续迫害摩尼教徒
公元 293—302 年	纳塞赫（Narseh），波斯被罗马皇帝戴克里先（Diocletian）击败
公元 310—379 年	沙普尔二世（Shapur II）迫害琐罗亚斯德教徒，与罗马冲突加剧
公元 531—579 年	库思老一世（Khusrau I），艺术与科学的黄金时代
公元 591—628 年	库思老二世（Khusrau II）被拜占庭击败
公元 640—651 年	伊嗣俟三世（Yazdegerd III）被阿拉伯人击败，萨珊王朝灭亡

图 28 萨珊王朝的历史事件

沙普尔一世随后将矛头指向罗马，视罗马帝国为心头大患。于是派军向西进攻，他的军队到达地中海沿岸，控制了安条克（Antioch）。公元 259 年发生了一场令人记忆深刻的战斗。波斯人在艾德萨（Edessa）击败罗马人，俘获罗马皇帝瓦勒良（Publius Licinius Valerianus），并将其带回波斯。被俘虏的罗马人被派去修建桥梁与道路，这些工程为萨珊帝国随后向西发展打下基础。这场胜利被铭刻在纳克什—鲁斯塔姆的岩石上，画面中，罗马皇帝跪在胜利者沙普尔一世面前。

事实上，萨珊波斯与阿契美尼德人的另一个相似点，就是在纳克什—鲁斯塔姆制作浮雕，阿契美尼德人曾在石头上刻画浮雕与楔形文字。另外，帕萨尔加德、波斯波利斯、居鲁士及大流士的陵墓

图 29 沙普尔一世战胜罗马皇帝瓦勒良，纳克什—鲁斯塔姆大流士一世陵墓周边石刻

图 30 沙普尔一世与敌人，纳克什—鲁斯塔姆石刻

图 31　纳克什—鲁斯塔姆的石刻，描绘的是阿尔达希尔的登基仪式

都位于此地。第一块萨珊王朝石刻描绘了阿尔达希尔登基的场景，还有一个石刻表现了国王攻击帕提亚贵族的画面。因此，帕尔斯被波斯人当作圣地[5]，他们的历史被铭记在岩石上。

沙普尔一世继续推行阿尔达希尔对社会内部的统治策略，琐罗亚斯德教的地位由此得到了巩固。琐罗亚斯德教是官方宗教，但是从阿契美尼德人开始，这个宗教内部发生了很大变化。这种变化催生出了琐罗亚斯德教的变种——"祖尔万教"（Zurvanism），该教派在萨珊帝国时期非常兴盛。祖尔万教的目标是解释为什么阿胡拉·马兹达会带来恶的问题。该教派通过提出"祖尔万"（Zurvan）的概念，也就是"时间"——来解释这个问题。他们认为"时间"是万物的起源，而其本身却是中立的。随后祖尔万衍生出两个后代——奥尔马兹德（Ohrmazd，善良）及阿里曼（Ahriman，邪恶）。与阿胡拉·马兹达不同的是，奥尔马兹德并非创造万物的神，而是依附并代表世间的善良。祖尔万教提出了一种全新的形而上学世界观，萨珊王朝认为他们与奥尔马兹德存在特别的联系，类似曾经与阿胡拉·马兹达的关系。与阿契美尼德王朝的琐罗亚斯德教一样，祭司被称为马吉，在火神庙中举行宗教仪式。这些祭司具有准官方的色彩，他们的行为和王朝本身联系密切。王朝正是通过他们得到了神的授权。有一些非常复杂的教义被带入祖尔万教，这些教义是历史与神话的结合，并提供关于宇宙的解释。教义内容包括：每个时代都有一种特性，在时代的终点，救世主驾临，为人类开启一段黄金时代。多神元素也被纳入该宗教中，比如太阳神密特拉（Mithra）与星神西里奥斯（Sirius）既属于节日庆典中祭祀的内容，也是被崇拜的对象。[6]

尽管祖尔万教被沙普尔一世的先辈奉为国教，但他却将目光投向别处。他对一个叫摩尼的先知很感兴趣，并在自己的统治期间，大力扶持摩尼教，使该教在萨珊波斯拥有了极强的影响力。[7]

虽然这个新的"普世"宗教有很多内容来自琐罗亚斯德教，但同时也吸收了基督教与佛教的内容。很多人认为沙普尔一世推行新宗教的一部分原因是对祭司势力过强的担心，这些琐罗亚斯德教神职人员威胁到了沙普尔一世的权力。但是，沙普尔一世对新宗教的热情并没有感染到他的继任者。下一任国王巴赫拉姆一世统治时，摩尼教徒遭到打压，先知摩尼被逮捕后受尽折磨，最终死亡。

虽然沙普尔一世击败瓦勒良被波斯人看作他们优于罗马人的证据，但这场胜利并没有为波斯与罗马之间的关系带来实质性改变。不久，波斯东部边境再次陷入麻烦。公元2世纪，在沙普尔二世长达70年的统治中，波斯人在东西方边界地带进行的战争大多都取得了胜利。随着罗马皇帝君士坦丁改信基督教后，宗教事务在两个帝国中都扮演着十分重要的角色。萨珊王朝的国王们对居住在萨珊帝国境内的基督徒的政策经常变化，这种变化往往取决于与罗马之间的关系。对波斯来讲，另一个宗教上的麻烦事来自马兹达盖特派（Mazdakites），这是一个从摩尼教中分离出来的教派，该教派奉行平等主义。马兹达盖特派带来的麻烦加上国内外的各种问题混杂在一起，导致萨珊帝国的统治能力越来越弱。

公元6世纪，库思老一世统治下的萨珊王朝迎来了最后一段美好时光。在他的统治下，萨珊王朝实行了税务系统与军队体系的改革，国内及边疆状况稳定。聂斯托里派[1]是居住在波斯的基督徒社群，他们在这里享有举行自己宗教仪式的自由，当时波斯与拜占庭签署了"永久和平"协议（尽管如此，与之前签订的种种条约类似，实际上并没有持续很久）。

这个时期，罗马与波斯都受到了来自外部的威胁，这一威胁就是匈人（Huns）[2]。匈人在公元 5 世纪入侵了这两个帝国。罗马人与波斯人决定联手对付这些来自中亚的蛮族。此外，在库思老二世统治期间，萨珊波斯发生了一场军事政变，萨珊国王被迫向拜占庭求助。拜占庭提供了援助，帮助波斯人平定此次政变，也因此从波斯人手中获得了好处，将国境线进一步向东推进。但是，这种状态并没有持续很久，库思老不甘接受如此耻辱，不久后他就派兵攻打拜占庭，从拜占庭手中夺回大量领土。波斯人占领了叙利亚、亚美尼亚、巴勒斯坦及安纳托利亚东部。此外，波斯人还发动了针对拜占庭核心地带的军事袭击，甚至包围了君士坦丁堡。之后，波斯人又进一步向西南方扩张，将埃及再次纳入波斯

---

[1] 该教派创始人是聂斯托里。他在担任君士坦丁堡大主教期间，反对亚流派在基督论上的见解，同时他又另外提出一个见解，认为耶稣的神性与人性分开。公元 431 年，在以弗所全教会会议上，他的主张被认定为异端。聂斯托里派是唐太宗年间传入中国的最早的一支基督教，汉译名称为景教。

[2] 匈人是一支生活在东欧、高加索和中亚地区的古代游牧民族。欧洲的古文献对此民族及其在欧洲的事迹有若干叙述。最早关于匈人的记载出现在公元 2—3 世纪的里海沿岸，他们在公元 4 世纪西迁到了欧洲东部，连续击败阿兰人、日耳曼人等民族，并入侵东罗马帝国和西罗马帝国。

统治下长达几百年之久。作为国运变化的结果，直至库思老统治结束前，萨珊王朝的疆域远大于阿契美尼德王朝时期。

然而，胜利的喜悦并没有持续多久。公元610年，拜占庭帝国新君希拉克略（Heraclius）登基，他是一个年轻且精力旺盛的天才战略家。很快他就对波斯人制定了极具进攻性的战略，以最快的速度扭转局势。事实上，波斯帝国在与拜占庭对峙过程中已被削弱不少，再加上库思老二世失去民心，帝国内部的情况越来越糟。公元628年，当波斯军队被希拉克略率领的军队击退时，一场政变爆发了，这位不受欢迎的国王遭到了谋杀。这件事对帝国内部状况并没有产生实质性影响，波斯逐渐沦为军阀混战之地。与此同时，中东发生了一场巨变，这件事所产生的影响改变了整个中东地区乃至整个世界。

公元622年，也就是希拉克略在伊苏斯击败波斯军队的那年，在阿拉伯半岛南部发生了一个具有里程碑意义的事件。这个事件很快就会将延续了几个世纪的罗马—波斯之争淹没在历史的洪流中。这一年，一个阿拉伯商人开始传教，他的名字叫穆罕默德，他逃离了麦加后在麦地那建立起新的宗教社群。这次迁移被称为"西吉拉"（Hegira）[1]——一个影响深远的历史事件，而这个新的宗教就是伊

---

[1] "西吉拉"（旧译"徙志"）：伊斯兰教创立之初的一次重要转折点，也是穆罕默德一生中的转折点。他在麦加只有少数信徒，但在麦地那，伊斯兰教的力量得到迅速发展。穆罕默德依靠这支力量与麦加贵族进行斗争。公元630年，穆罕默德兵临麦加城下，麦加贵族被迫接受伊斯兰教，并承认穆罕默德的权威，他不仅是宗教领袖，同时也是政府首脑和军事统帅。

斯兰教。六年后，当波斯国王库思老被刺杀，帝国陷入一片混乱时，穆罕默德已经将伊斯兰教传遍整个阿拉伯半岛，他自己被奉为先知，此时他已经可以回到麦加传授《古兰经》。先知穆罕默德在公元 632 年归真，他的追随者遇到了如何继续传播先知带回来的信息的问题。穆斯林社群后来演变成了一个神权帝国，帝国首领便是后人熟知的哈里发，他们是先知穆罕默德在世俗事务上的继承人。第一位哈里发名叫阿布·巴克尔（Abu Bakr），他是先知穆罕默德的岳父。他制定了"圣战"政策，旨在将阿拉伯周边地区纳入伊斯兰世界。出于这个目的，他组建了一支强大且斗志昂扬的军队，这支军队迅速改变了中东及地中海周边地区的局势。

　　哈里发的首要目标就是打击波斯与拜占庭这两个古老的帝国，这两个帝国已经主导中东几个世纪之久。阿拉伯人入侵的最初目的是希望这两个帝国皈依伊斯兰教。由于不久前波斯才被拜占庭击败，所以波斯相对较弱，波斯人也无法组织起有效的抵抗。公元 637 年，萨珊帝国首都泰西封被阿拉伯人攻占，他们以此为根据地，开始向北进发，直插波斯核心地带。公元 642 年，阿拉伯大军在尼哈万德彻底击败波斯大军，末代国王伊嗣俟三世（Yazdegerd Ⅲ）——库思老三世之孙，不得不向北逃到中亚。公元 651 年，伊嗣俟三世在木鹿（Merv）被刺身亡，自此萨珊王朝落下帷幕。波斯帝国此时已被纳入哈里发国家统治范围，受麦地那阿拉伯人的直接统治。与波斯人形成鲜明对比的是拜占庭，尽管遭受了一次又一次进攻，但他们始终在顽强地抵抗阿拉伯人的入侵，阻止了阿拉伯人继续向西进入欧洲。

相较于拜占庭的失败，阿拉伯人轻而易举地拿下伊朗，这促使他们决心继续向东深入亚洲。阿拉伯人调集了大量军队向东推进到中亚，并将伊斯兰教带到了印度次大陆。阿拉伯人对波斯人的征服，在很多方面都可以和萨珊王朝的崛起进行对比，不同的是，萨珊王朝试图将自己与阿契美尼德人联系起来，而新来的阿拉伯人却并不如此，他们将伊斯兰教带入波斯，使波斯经历了巨大的文化转型。伊斯兰教的到来使一种全新的宗教建筑拔地而起，这种建筑被称为清真寺——它替代了原先的火寺，与阿拉伯人的世俗建筑一起，在波斯创造出全新的人文景观。伊斯兰教的沙里亚法（Sharia law）[1]被带入波斯，阿拉伯语被列为宗教用语及政府官方语言。但是，即便经历了如此大的文化转型，波斯人最具特色的文化内涵实际上都保留了下来，成为向亚洲及随后欧洲世界传播波斯文化的基础。

---

[1] 沙里亚法，原意为"通往水源之路"，意为"宗教规定的一切"，引申为"应该遵循的正道和常道"。伊斯兰教宗教法的总称，指《古兰经》中所启示的、可靠圣训中所解释的安拉所有的命令和训诫，为每一个穆斯林必须遵行的宗教义务。

第10章

伊斯兰化的波斯与波斯化的伊斯兰教

阿拉伯人对波斯的征服是在令人难以置信的速度中完成的。主导中东世界几个世纪的两个伟大的古老帝国之一，在不到十年的时间内，就被一群来自边远沙漠的原住民征服了。就连穆斯林编年史学家们都将这场征服与奇迹联系在一起。毫无疑问，萨珊王朝迅速崩塌的原因之一，是与拜占庭的战争使其自身消耗过度。因此，通过对中东两大帝国之一的顺利征服，胜利者们已经准备好全面改造这一地区。此外，伊斯兰教是简单的一神论宗教，可以清除原有的统治阶级——这些人是不受欢迎的压迫者，因此，阿拉伯人所到之处，人们乐于接受伊斯兰教。新宗教中的平等主义在该地区大多数人心中起到了十分积极的作用。加入伊斯兰教后的免税政策对当地人来说也是一种好处。因此，诸多因素使阿拉伯人在这里更像是解放者，而非占领者。如今阿拉伯人的统治所带来的好处对波斯人极具吸引力。

对波斯大多数平民来讲，上文提到的内容非常贴合他们的状况。萨珊统治者与平民之间关系疏远，却又经常将他们带入无休止的征战中。在萨珊王朝统治的最后几年，波斯平民赋税极重。尤其是在与拜占庭的最后一战中，萨珊统治者几乎失去民心。实际情况是，人们并不关心谁是统治者，只求不被过分压榨，能够维护法律与秩序即可。一系列战争后，人们对和平的渴望超过一切。免除赋税对新的统治者来说既不需要付出很大代价，同时又可以赢得民心。在宽松的氛围中，大量波斯人改信伊斯兰教。

对萨珊波斯统治阶级来说，情况则完全不同。他们被阿拉伯人推翻，因此失去了特权地位。地主的土地（dihqan）遭到没收，变成哈里发的财产。还有一些土地被当地的阿拉伯首领占有，因此阿拉伯人以这种方式成为波斯财富的继承人。[1]

不过阿拉伯人并不能轻易地用自己的文化替代波斯古老的文明。相比阿拉伯人的文化，波斯文明不但强大得多，而且深深根植于波斯人心中。相反，波斯文明很快便影响了阿拉伯的征服者，伊斯兰教也因此发生了很多变化。亚历山德罗·宝萨尼（Alessandro Bausani）甚至认为："不能说阿拉伯人有伊斯兰教而波斯人没有伊斯兰教，因为我们今天看到的伊斯兰教在发展过程中存在很多波斯的文化因素。"[2]不论从何种角度来说，伊斯兰教在波斯的成就不完全归功于阿拉伯人本身。阿拉伯人确实是征服者，但大量本土波斯人很快就接受了这一宗教并打上了属于波斯人的烙印。帕尔斯的情况更加典型，在这里波斯人一开始就对伊斯兰教产生了巨大影响（详见第 14 章）。接下来的两百年中，波斯逐渐发展出自己独特的伊斯兰教，这对包括波斯在内的整个伊斯兰教世界产生了决定性影响。

随着阿拉伯人来到波斯，与阿拉伯帝国其他部分一样，征服者的语言成了波斯的官方语言。旧的波斯统治阶级如果想在这个哈里发国家的新伊斯兰省内谋得一官半职，那他必须学习和掌握阿拉伯字母与阿拉伯语。《古兰经》——伊斯兰教的圣典，当然是用阿拉伯文书写的，所以语言是了解这个新宗教的基础。但是琐罗亚斯德教，甚至包括其支派却在一些偏远的地方繁盛起来。很多火寺被征服者改建成清真寺，但这仅是一种临时做法，阿拉伯人很快就修建了新的清真寺——被后来的人们视为整个伊斯兰世界中最漂亮的一部分。阿拉伯人还修建了马德拉沙（Madrasas）[1]——宗教学校，因此接受阿拉伯语教育的波斯新兴阶级开始出现。在这个新兴阶级中产生了波斯的伊斯兰教神职人员，尽管这些人掌握阿拉伯语，但当地通用语言依然还是波斯语。即使阿拉伯字母取代了波斯字母，但是波斯语依然流行。虽然学会阿拉伯语可以在包括波斯在内的新世界获得很多好处，但阿拉伯语始终被当作外语。即便如此，我们依然可以清楚地看出波斯与中东其他伊斯兰地区不同，这里自始至终都有反对阿拉伯统治的叛乱发生。

公元 632 年先知归真，谁来继承领导权成为一个具有争议的问题。最初，领导权掌握在先知的亲戚及同伴手中，这段时间也被人们称为"正统哈里发"时代，终结于公元 661 年穆罕默德的女婿

---

[1] 马德拉沙，伊斯兰宗教学校，共分为四个阶段：达基勒（6 年）、阿利姆（2 年）、法齐勒（2 年）、卡米勒（2 年）。此教育的目的是向穆斯林儿童和青少年传授《古兰经》、伊斯兰法律和其他伊斯兰知识。

阿里被刺杀。经过一系列斗争，号称与先知具有远房亲戚关系的倭马亚家族（Umayyads）掌握了哈里发国家政权。倭马亚哈里发王朝持续了一个多世纪，倭马亚王朝统治时期，波斯及其他阿拉伯世界对其统治非常不满。专制的萨珊政权只不过被一个同样专制的伊斯兰政权取代了，因此从公元 750 年开始，帝国内部爆发了一系列针对伊斯兰王朝的叛乱。波斯地区的叛乱由阿布·穆斯林（Abu Muslim）领导。倭马亚王朝被推翻，来自哈希姆部落（Hashemite tribe）的阿布·阿巴斯（Abu Abbas）接手哈里发国家。他建立了阿巴斯哈里发王朝，该王朝统治长达五百年。

最初，阿巴斯向心存不满的人们许诺了很多事情，这使波斯人对他的统治抱有期待。阿巴斯的承诺之一是将哈里发国家的首都迁到更靠近中央的地区。因此，当他将首都从叙利亚的大马士革迁到位于美索不达米亚的巴格达时，波斯人非常满意。这个新首都位于旧萨珊帝国的领土范围内，距离传奇之城巴比伦很近，更重要的是距离萨珊波斯首都泰西封也很近。巴格达不但位于中东地区历史上"首都区域"内，而且也处在旧波斯帝国境内，这也进一步加强了波斯对伊斯兰世界的影响力。巴格达很快就发展成了"知识中心"，很多在这里工作的学者都讲波斯语。[3] 之后几个世纪是伊斯兰世界科学与艺术发展的黄金时期，就像之前提到的，波斯人在其中发挥了很大作用。

即便如此，波斯内部仍存在很大的不满情绪，阿拉伯与波斯之间的文化冲突表现得十分明显。波斯作为一个历史悠久的伟大帝国，自古便是中东地区的中心，但现在仅是另一个新兴帝国的一部分，这对波斯人来说有些难以接受。不满的情绪潜藏在一次又一次叛乱行动中，这些叛乱使地方上的小朝廷开始兴起。小政权成功占领了波斯境内一些地区，其中最重要的一个就是塔希尔王朝（Tahirid dynasty）[1]，该政权的统治者本是哈里发任命的呼罗珊（Khorasan）总督，但后来他反对哈里发统治并建立起自己的半独立国家。塔希尔王朝之后，还有锡吉斯坦（Sijistan）的萨法尔王朝（Saffarids）[2]，他们在公元 9 世纪后半叶成功占领呼罗珊地区。在这一系列半独立王朝中，最成功的是号称萨珊后裔的萨曼—胡达（Saman-khudat）建立的萨曼王朝。萨曼人势力起源于河中地区，距阿拉伯人统治中心很远。萨曼人从河中向南迁徙到呼罗珊和锡吉斯坦，之后向东进入阿富汗。哈里发阿尔马蒙（Al-Mamum）十分尊重波斯人，出让很多省份领导权给萨曼人，其中包括撒马尔罕、

---

[1] 塔希尔王朝是在公元 820—872 年统治大伊朗东部、呼罗珊地区的波斯王朝。塔希尔王朝由塔希尔·伊本·侯赛因（Tahir ibn Husayn）建立，阿巴斯王朝将呼罗珊东部地区送给塔希尔以回报他对王朝的支持。塔希尔王朝的首都设在梅尔夫，后来迁至内沙布尔。虽然塔希尔王朝在名义上臣服于巴格达的阿巴斯王朝，但是它的统治者实际上是独立的。

[2] 萨法尔王朝的创建者为叶尔孤白·伊本·莱伊斯·萨法尔（公元 867—879 年在位），因铜匠出身（即萨法尔），故以其为王朝名，一共传 7 个埃米尔，统治 135 年。

费尔干纳及赫拉特。

通过这种方式，萨曼人实力大增，最终成为一个事实上独立的国家。河中地区对萨曼人而言十分重要，因此他们将首都选在呼罗珊的内沙布尔（Nishapur），并以此为根据地对波斯东部实行有效统治。萨曼人将自己与伊斯兰之前的萨珊人，甚至阿契美尼德人联系在一起。虽然波斯自伊斯兰征服以来发生了天翻地覆的变化，但萨曼王朝通过将自己与历史上的王朝联系在一起的方法，在波斯人心中已经建立起与历史的联结。这种联结为新王朝的统治提供了正当性，也让波斯人认识到自己与哈里发国家的差异。

因此，被伊斯兰压抑了两个世纪之久的"古代遗产"再次在伊斯兰世界边缘出现。公元 10 世纪，巴格达的哈里发已无力平定叛乱，所以他不得不为新的统治者们授以头衔。从此，波斯人再次燃起自身的认同感，这种骄傲的认同感使他们发起了舒比亚运动（Shuubiyya movement）。舒比亚可以被看作某种早期形式的民族主义。[4] 这种思想感情是对古老帝国所取得成就的回顾，并以此强调波斯人的认同感要强于阿拉伯人的认同感。波斯人将自己视为伟大且悠久文明的继承者，因此在波斯人眼中，阿拉伯人不过是没有什么真正文化的沙漠游牧民。波斯人对阿拉伯人的统治越来越不满，他们想要重新获得历史上的独立，舒比亚运动进一步刺激了波斯人希望从阿拉伯哈里发国家中分离出来的想法。

随着阿拉伯人的控制——甚至是伊斯兰教本身的控制——开始松动，这不仅让国家独立变得可能，波斯的语言和文化也重新繁荣起来。这一切不仅仅发生在波斯人的土地上，而且也发生在古波斯帝国的边缘地带。波斯文化复兴在巴格达表现得非常明显，作为世界上最伟大的知识中心之一，巴格达受波斯文化影响甚深。

公元 10 世纪，萨曼王朝的统治步入正轨，波斯这时发展出了自己独特的个性，这种个性使波斯有别于伊斯兰世界的其他地方。造成这种结果的原因，一方面是在伊斯兰教统治时期发生的一些历史事件，另一方面则是波斯人对古代文化的继承。无论如何，这时的伊斯兰教已不再是一个统一体，伊斯兰教内部也出现了分化。在波斯，这种分化的原因是琐罗亚斯德教的存在，各种形式的分支出现都或多或少与此相关。萨曼王朝首领萨曼·胡达本身就是一个琐罗亚斯德教徒，他改信伊斯兰教很可能是因为这么做有助于他的统治，他不是第一个这么做的人，也不会成为最后一个。很多宗教支派的出现都是融合了其他宗教因素的结果，有的融合了基督教因素，有的融合了佛教因素。信奉马兹达盖特派的教徒是琐罗亚斯德教中的极端分子，他们用暴力反抗伊斯兰教。萨珊王朝的沙普尔一世统治时期就已经出现了摩尼教，先知摩尼出生于一个基督教家庭，摩尼教在伊斯兰统治时期仍然有信徒。还有一个宗教支派是霍拉姆丁派（Khorramdin），也可称为"幸福教"，该教派试图将琐罗亚斯德教与伊斯兰教融合在一起。

萨曼王朝与其之前的王朝都将呼罗珊及其东部地区作为统治中心，西边地区的情况则完全不同。在扎格罗斯山与里海南岸一带的波斯人一直以来都有着十分强烈的独立意识。公元 9 世纪，齐亚尔王朝（Ziyarid dynasty）[1] 在这一带兴起，他们选择了一个不同版本的伊斯兰教。与齐亚尔王朝类似，白益王朝（Buyid dynasty）[2] 在波斯历史上的核心地带帕尔斯崛起，强烈的波斯认同感在白益王朝的统治中扮演了十分重要的角色。

在伊斯兰教的大背景下，多元思想集中体现在什叶派教义中，什叶派是一种波斯版本的伊斯兰教。什叶派起源于对先知继承者哈里发继承权的质疑。什叶派信众认为担任哈里发的人应与先知有血缘关系，换句话说，哈里发的人选应该是先知"王朝"中的一员，而不是后来的倭马亚王朝、阿巴斯王朝的统治者。因此，什叶派信

---

［1］　创建者为马尔达维奇·本·齐亚尔（公元 928—934 年在位）。他利用萨曼王朝部分军队叛乱之机，夺得伊朗塔巴里斯坦地区，后将里海沿岸的戈尔甘和马赞德兰诸省置于王朝的控制之下。公元 935 年，马尔达维奇被害身亡，其弟扎希尔·道莱·沃什马吉尔继位，但此时王朝已日渐衰败，难以对付强大的波斯人的萨曼王朝，被迫承认其宗主权，作为臣属管辖原王朝领地。该王朝在沃什马吉尔之子卡布斯统治时曾一度臣属于伽色尼王朝，1077 年为土克曼人所灭。

［2］　白益王朝（公元 945—1055 年）是统治伊朗西南部和伊拉克的伊朗封建王朝。阿杜德·道莱采用萨珊王朝的万王之王称号。他统治期间（公元 949—983 年），白益王朝达于极盛，领土广阔，几乎与萨珊王朝时期相当。阿杜德·道莱死后，白益王朝急剧衰落。1055 年塞尔柱人进入巴格达，白益王朝灭亡。

徒相信哈里发的继承权应属于先知的女婿阿里一系，他是最后一任正统的哈里发。他们认为阿里从先知那里继承了威拉亚（Wilayah），也就是先知的"精神品质"，之后阿里将威拉亚又传给了他的儿子哈桑（Hassan）与侯赛因（Husayn）。公元661年，阿里被倭马亚人杀害，他的儿子——也就是先知的孙子侯赛因成为哈里发有力的竞争者。公元680年，侯赛因在巴格达附近的卡尔巴拉（Karbala）被杀害。从此以后，卡尔巴拉成为什叶派的圣地，什叶派信徒也会在每年穆哈兰月（lunar month of Muharram）[1]纪念侯赛因。这一系列事件促使什叶派十二伊玛目信仰的出现，这十二位伊玛目从阿里开始，一直向下传递。这一传递在公元877年中断，原因是十二位伊玛目中的第十二位——蒙塔扎尔（al-Muntazar）从世间隐遁，只有新纪元开启，他才会回归。除此之外，还有一个事件能将什叶派与古波斯联系在一起。据说，侯赛因曾与萨珊波斯末代国王伊嗣俟三世的一个女儿结婚，由此，伊斯兰与前伊斯兰历史之间就构建起某种延续性。从这个角度看，伊斯兰不再是外来强加的统治，而是前朝及前朝统治者的继承者了。波斯新统治者的正当性不仅仅是基于宗教信仰，而且还基于其血管中流淌的萨珊人血液，同时还包含先知的血统。

11世纪早期，新的征服者出现在人们的视线中。中亚塞尔柱

---

[1] 穆哈兰月是伊斯兰历第一个月。

人接受了伊斯兰教，但他们却不受波斯人欢迎，不仅因为他们只是另一批来自北方的征服者，还因为他们信奉的是伊斯兰教逊尼派，他们还承认阿巴斯王朝在伊斯兰世界的统治。1055 年，塞尔柱人征服巴格达，哈里发无法抵抗这个强大入侵者，无奈之下授予塞尔柱领袖以"苏丹"头衔，苏丹的意思就是主权。从那时起，"苏丹"就成为塞尔柱人及之后奥斯曼帝国统治者的头衔。塞尔柱人通过武力统治了波斯人，但波斯人始终视他们为外来者；塞尔柱人统治时期暴乱不断，最主要的原因是波斯人信仰伊斯兰教什叶派，与突厥人信仰的伊斯兰教逊尼派相冲突。其他叛乱的动机则是一些极端的宗教信仰，但其中一些叛乱是原始民族主义的雏形——其目标是建立一个独立的国家。

什叶派的信仰与对征服者的仇恨结合在一起，产生了原始民族主义的早期形态，这就是伊斯玛仪派（Ismaili sect），源自叙利亚，但广泛分布在伊斯兰世界中，尤其是波斯北部。该教派信徒遵循什叶派基本教义，但他们认为第七位伊玛目并非传统什叶派认为的穆萨，而是他的兄弟伊斯玛仪。因此，伊斯玛仪成为这个支派的崇拜核心。在伊斯玛仪派信徒中，还发展出了更加极端的尼扎里耶派（Nizaris），这些人在群山中建立堡垒，并实行暗杀行动，不断发动针对异己的战争。尼扎里耶派的领导人是哈桑·萨巴哈（Hassan-I Sabbah），他们被十字军称作"阿萨辛派"（Assassins），原因可能与他们在祈祷仪式中使用哈希什（hashish）有关。[5]

阿萨辛派的核心要塞是阿剌模忒堡（Alamūt），也称作"鹰巢"，于1090年建在厄尔布尔士山上。他们还在周边地区修建了一系列防御性很强的堡垒。哈桑·萨巴哈后来因此被称作"Shaykh al-jabal"，意为"山中教主"，十字军称其为"山中老人"[1]。阿萨辛派无论是在塞尔柱人还是十字军那里，名声都很差，他们就是当时的恐怖分子。但是，真实的情况可能并非如此，因为有证据表明，尼扎里耶派实际上有很强大的哲学思辨。当时，作为一个整体的伊斯玛仪派遍布波斯，他们对宗教的理解导致人们开始思考伊斯兰教的本质，以及伊斯兰教在世界发展过程中扮演的角色。他们试图将希腊化的诺斯替主义（Gnosticism）与伊斯兰教结合在一起，这对未来伊斯兰教思想的发展产生了巨大影响。

13世纪，塞尔柱突厥人就像之前的征服者们一样，开始变得虚弱，他们已无力抵抗中亚地区有史以来最强悍野蛮的侵略者，这些人便是成吉思汗及他的子孙们率领的蒙古大军。13世纪中叶，蒙

---

[1]"山中老人"霍山的故事，金庸不但在《倚天屠龙记》中有记叙，在《射雕英雄传》书后所附的《成吉思汗家族》一文的注19也有谈到，注释颇为详细，即关于"山中老人"、暗杀派与木剌夷等教派的历史。中国历史记载中第一次提及这个教派和"山中老人"，倒不是通过谢逊等明教诸人。蒙古人崛起之后，灭花剌子模，势力及于中亚河中地区。但蒙古人在当地尚未建立足够强大的霸权，蒙古行旅商人屡屡遭到阿萨辛派的劫掠，蒙古人称他们为"木剌夷"，这是该派的俗称。

古人不但击败了塞尔柱人，而且还剿灭了阿萨辛派，就连哈里发也被蒙古人杀死，他们成了中东的领导者。但是，蒙古帝国很快就分裂成若干汗国，汗国与蒙古大汗之间只存在名义上的效忠。伊利汗国（Il-Khan dynasty）[1]控制了中东地区，但延续时间不到一个世纪。随着哈里发国家的崩塌，统一的伊斯兰世界不复存在。波斯再一次成为混乱之地，不同的王朝与教派统治波斯不同地区。

这种局面一直持续到 15 世纪末，一个新的、强有力的统治者终于重新统一波斯，那就是 1500 年伊斯玛仪建立的萨法维王朝（Safavid）。萨法维人是来自波斯西北部库尔德人土地上一支讲突厥语的民族。[2]伊斯玛仪战胜了其他权力竞争者，1510 年宣布自己是伊朗的沙汗沙。更重要的是，这群人是什叶派信徒，属于齐兹巴什教团（Qizilbash），意思是"红色的头"。伊斯玛仪声称自己是第七位伊玛目的后代，这使他顺理成章地成为阿里的后继者。这个说法带来的好处是将这个王朝与先知产生血脉上的联系，因此可以让他们的统治具有正当性。萨法维王朝时期，伊斯兰教什叶派成为国家官方

---

[1] 伊利汗国（1256—1335 年），又译伊儿汗国或伊尔汗国，蒙古帝国的四大汗国之一，成吉思汗第四子拖雷之子旭烈兀所建。

[2] 库尔德族是西亚地区的民族，在中东是一个人口仅次于阿拉伯人、土耳其人和波斯人的第四大民族，主要分布在土耳其、叙利亚、伊拉克、伊朗的交界地带库尔德斯坦，有少数分布在阿塞拜疆和亚美尼亚山区。库尔德族的主要语言是库尔德语，相传他们是古代米底人的后代，两千多年来一直都在库尔德斯坦的山区活动，从前过着游牧式生活。

宗教，民众必须改宗，否则将被处决。强制改宗的唯一例外是基督徒，他们是受到保护的少数群体。伊斯玛仪统治时期，这一来自北方的王朝对波斯的控制逐渐稳固。最重要的是，波斯人的故乡帕尔斯和萨珊王朝的政治经济中心美索不达米亚都被纳入萨法维王朝版图。自七百年前被伊斯兰征服以来，波斯第一次成为一个独立强大的国家，他们在中东地区异军突起。除了波斯本土外，只有美索不达米亚南部还有众多的什叶派穆斯林。美索不达米亚对于什叶派来讲意义重大，因为这里是具有重大宗教意义事件的发生地。其中最重要的是卡尔巴拉，这里是阿里的儿子侯赛因被倭马亚人杀害的地点。

萨法维王朝最重要的统治时期是国王阿巴斯统治时期，阿巴斯在历史上被称为"阿巴斯大帝"（Abbas the Great，1587—1628年在位）。他巩固了王朝的统治，消除了齐兹巴什教团对统治的威胁，当时后者已经发展成一个世袭的贵族阶层。阿巴斯大帝建立了自己的皇家军队，这支军队不对齐兹巴什教团负责，只对阿巴斯本人负责。这支军队主要由非波斯人组成，以乔治亚人[1]和亚美尼亚人为主，以土耳其的加尼沙里军团（Janissaries）[2]为模板。

---

[1] 乔治亚人即格鲁吉亚人。

[2] 加尼沙里军团（直译为"新军"），也译为耶尼切里军团、土耳其新军、土耳其禁卫军或苏丹亲兵，是奥斯曼土耳其帝国的常备军队与苏丹侍卫的总称。最早在奥尔汗一世贝伊统治时出现，是帝国第一支常备军，成员定期接受评选和审查。他们是土耳其帝国最有战斗力的军人，首选主要是希腊人、保加利亚人、阿尔巴尼亚人、塞尔维亚人及波斯尼亚人。

这支军队的组建，使波斯避免了很多宗教及政治争端，正是这种宗教、政治争端造成了波斯在伊斯兰化后很长一段时间的动荡不安。阿巴斯大帝还强化了政府在国家行政事务上的控制，将首都迁往位于波斯中部的伊斯法罕。伊斯法罕成为一座宏伟的都城，他下令建造的很多伊斯兰—波斯风格的清真寺及宫殿，是伊斯兰世界最壮观绚丽的建筑。

　　国王阿巴斯统治时期，很多方面都算得上是波斯历史上的巅峰。16 世纪被欧洲历史学家看作现代历史的开端，萨法维人也正是从此时开始统治伊朗，他们的统治一直延续到 18 世纪，那时许多欧洲政治观念已经非常成熟，并利用殖民地方式扩散到世界各地。但是这种古代史和现代史的区分方式在中东地区不能被简单套用，萨法维王朝时期，我们可以清晰地看到这个帝国与古波斯帝国到现代帝国之间千丝万缕的联系。因为这些联系，古波斯帝国中的很多遗产都延续到了这个国家现代化的发展中。

　　古代波斯的遗产中，最重要的是从共同祖先那里寻求统治的正当性，不仅是从先知穆罕默德那里通过伊斯兰什叶派方式寻求，而且还要从波斯伟大的万王之王那里获得。从阿契美尼德帝国以来，波斯历代统治者都将自己与早先的统治者及王朝联系在一起。这种对于延续性的追求持续了几个世纪之久，这种延续性可能比其他任何因素都能让波斯人保持认同感，波斯人所拥有的认同感是阿拉伯统治下的其他民族不曾拥有的。这种认为自己是古老帝国传承人的认同感所带来的影响涉及很多方面，也因此使波斯人区别于他们的邻居。

语言因素在这种认同感中发挥了重要作用，自从被征服以来，波斯语一直是民间使用的语言。虽然新来的征服者带来了阿拉伯语，并将其作为政府与宗教语言，但只有一小部分地位比较重要的人在使用。新政权初期，行政人员主要是阿拉伯人，新宗教初期的导师们也同样是阿拉伯人。如果波斯人想要担任这样的职位，那么他必须能够流利地讲阿拉伯语。同时，阿拉伯语还是重要的商业语言，阿拉伯商人遍布亚洲，阿拉伯语也因此遍布亚洲。但是，萨曼王朝时期，阿拉伯人对政权的控制开始松动，波斯语再次成为日常生活中的重要语言。萨法维王朝时期，突厥语开始遍及各处。突厥语是塞尔柱人带来的，虽然塞尔柱政权倒台后波斯语立刻成为最普及的语言，但突厥语依然被使用。此后，波斯语成为创造与保持波斯人认同感的重要工具，很快波斯语就开始在各地普及。只有在伊斯兰教育中，阿拉伯语保持了特殊的地位，因为《古兰经》是用阿拉伯语写的，因此无论任何人，只要在清真寺里学习经典，那就必须掌握阿拉伯语知识。

尽管在伊斯兰时期波斯发生了翻天覆地的变化，但人们对于古代文明的记忆却历久弥新。历来的统治者都将自己与古代王朝联系在一起，以此来展现自己统治的正当性。因此，在波斯文学中，一直都存在历史和神话。其中最重要的是讲述波斯早期历史故事的长篇史诗，而重中之重是菲尔多西的《列王纪》，这部史诗的第十五章讨论了古代波斯国王及英雄。

16 世纪的波斯是伊斯兰世界中一个十分独特的存在，但无论如何这时的波斯都不能算是一个帝国。在很多方面，波斯的发展与当时欧洲的发展非常类似。此时的欧洲正经历着基督世界的解体及民族国家的诞生，例如英格兰和法兰西，一种后帝国形态正在产生。在接下来的几百年中，古波斯帝国的遗产被用来创造出一个与众不同的、更现代化的政治实体，其地缘政治结构与中东地区相比，与欧洲更相似。然而，20 世纪，波斯人对过去辉煌记忆的渴望比成为一个现代国家更加强烈，因此产生了复兴古代帝国的最后一次尝试。一直以来，波斯在亚洲都有着举足轻重的地位，并在很多地区的现代化进程中扮演了重要角色。

第11章

从波斯波利斯到撒马尔罕：中亚地区的波斯遗产

波斯历代帝国的疆土都以中东地区为中心，当然中东地区与亚洲其他部分是相连的。波斯与中亚及南亚相连，因此波斯人在历史上受到了中亚与南亚的影响，同时也影响了这两个地区。在阿契美尼德帝国及希腊化国家衰落后的一千年中，波斯经历了多次来自中亚游牧民族的入侵——帕提亚人、突厥人、蒙古人，这些游牧民族都征服了大部分中东地区并建立了强大的帝国。这些帝国建立在阿契美尼德与萨珊帝国曾经的领土上，他们的权力中心也建立在先前统治的基础上。这些外来的统治者不可避免地被他们征服地区的土著文明所影响。

除此之外，波斯不断影响着与其相邻的中亚地区，尤其是从里海到咸海这片区域。生活在中亚的游牧民族——希腊人称其为"野蛮人"——创造了亚洲腹地为数不多的伟大文明，波斯人在其中发挥了关键作用。从阿契美尼德时代开始，波斯人就试图将中亚纳入他们的势力范围中。波斯人与其导师米底人都来自中亚，与后来的移民一样，他们都认为南迁是为了寻找更好的生活。因此，中亚一直被波斯人看作帝国的威胁，他们一直试图防止这些不受欢迎的移民抢走他们的国家，中断他们的统治。[1]几个世纪以来，波斯人不断深入中亚地区，使中亚毗邻波斯的区域在政治、经济和文化方面趋于波斯。

大流士大帝统治时期，阿契美尼德帝国加强了对中亚的控制，波斯将河中地区纳入统治范围。出于行政目的，河中地区被划分成若干区块，分派不同总督管理，因此当地形成了波斯统治阶级。类似的事情还发生在萨珊人以及后来的阿拉伯人身上，波斯人在这里的影响不断加深。随着阿拉伯人的入侵，伊斯兰教开始在此扎根，这对后来伊斯兰世界的转型产生了极其重要的影响。

从经济方面看，河中地区是每个帝国都梦寐以求的地区。伟大的贸易城市撒马尔罕、布哈拉、巴尔赫经济繁荣，可以为帝国提供强大的经济支持。这些城市之所以如此重要，原因之一是它们都处在丝绸之路上，这条商路从欧洲一直延伸到亚洲。丝绸之路的两端，西边是拜占庭，东边是中国西汉时期的首都长安，丝绸之路沿线还有撒马尔罕、布哈拉、塔什干及梅尔夫。这些城市十分重要，城中聚集了来自东方与西方的商人，他们在这里进行贸易。位于布哈拉的穹顶贸易建筑就是这种繁荣贸易的见证。毫无疑问，丝绸是利润极高的商品，此外还有茶叶、香料、宝石、瓷器、金属和装饰品。商业贸易使丝绸之路沿线城市获益，因此，亚洲的统治者们都想要确保丝路沿线是属于自己的领土。[2] 向西的贸易路线中最重要的一条是从撒马尔罕经布哈拉及波斯北部大不里士（Tabris）最终抵达拜占庭，拜占庭是当时欧洲主要的贸易城市。16 世纪，国王阿巴斯意识到贸易路线的价值，他尝试将这条路线向南移以经过他的新首都伊斯法罕。虽然这一计划对萨法维王朝的都城来讲看似具有很好的前景，但是前往拜占庭的商人还是更青睐靠北的路线。

最后要说的是，波斯在这一地区的文化影响可以追溯到更古老的时期，随着在政治与军事上的不断深入，波斯语也开始在此地普及。作为统治者的语言，被统治者不可避免地要使用波斯语。很早以前该地区的上流社会家族就已经开始学习波斯语，因此该地区在波斯世界的重要性十分突出。来自撒马尔罕以南巴尔赫的萨曼人，成功地将波斯从阿拉伯哈里发国家中分离出来，并建立了独立王朝。萨曼人本身就讲波斯语，在向南进入呼罗珊和波斯之前就已经皈依伊斯兰教。他们不仅向南扩张，而且还向北深入中亚地区，并将首都设在布哈拉。通过这种方式，萨曼人将波斯文明带到更北的地方，相较于哈里发国家的核心地带，在这里建立一个独立的国家要容易得多。

当萨曼人的统治被突厥人取代，事情的进程是相同的。与萨曼人类似，第一批突厥人来自阿富汗的加兹尼王朝（Ghaznavids）[1]，在他们之后则是来自中亚的塞尔柱人，他们同样改信伊斯兰教。[3]在突厥人到来之前，这里已经存在土著语言与文

---

[1]　加兹尼王朝由中亚突厥人建立，又称"哥疾宁王朝""伽色尼王朝"。

化，因此他们很快就被这里的文化所影响。在萨曼人公元 10 世纪与突厥人 11 世纪的统治中，中亚的波斯化促进了科学、艺术的繁荣发展。

中亚在波斯伊斯兰文化传播过程中扮演了十分重要的角色，这种文化的传播模式与伊斯兰世界其他地区有些类似，例如摩尔人在西班牙传播伊斯兰教。在伊斯兰世界的边缘地带，哈里发的控制较弱，因此人们有更大的自由来表达自己。阿巴斯哈里发国家的核心位于美索不达米亚，其政治中心是巴格达。巴格达除了作为首都与哈里发的居住地外，还扮演了更广泛的宗教与文化角色。公元 9 世纪，这个阿拉伯城市成为整个伊斯兰世界的学术中心，帝国各地的学者和科学家都被吸引到巴格达的经学院、图书馆及研究机构。这里成了物理学、天文学及地理学新思想的大熔炉。但是，公元 10 世纪，巴格达已经形成了宗教和学术精英阶层，他们越来越不乐意接受与他们观念相冲突的新思想。赛义德与汗可汗撰写的毕鲁尼（波斯学者，生于公元 973 年）传记中观察到了这种发展带来的广泛影响：

只要一直有翻译作品及对外国知识的吸收，巴格达就能从这种集中化的科学与文学活动中受益。在哈里发的推动下，这些作品会被组织在一起然后进行分类，哈里发提供的各种资源保证了这些工作能够完成。但是，一段工作结束后，这种学术生活集中化就变成了学术进步的阻碍。一个想要出名的学者必须要来到巴格达才行，但在巴格达已经形成了一个学术群体——乌勒马（Ulema），这个群体会使新来学者的处境变得非常困难。类似的事情在齐尔亚布（Ziryab）身上就可清楚地看出，这个来自河中地区的波斯学者因为遭到导师们的嫉妒，不得不离开巴格达。[4]

随着巴格达内部越来越僵化，阿巴斯哈里发帝国愈加孱弱，最终失去了对伊斯兰教的控制。巴格达逐渐失去吸引力，但却促进了学术研究和知识的传播，同时也有去中心化的作用。相比过去那种由一个城市主导所有活动的局面，目前的状况促进了伊斯兰世界文化多元性的发展。

中亚在新时代成为最重要的学术中心之一，当时许多顶级学者和科学家都来自中亚。很多原本是商业中心的城市，现在也成了重要的学术中心。这种局面加强了波斯在中亚的影响力，促进了波斯文化的传播。

自公元7世纪阿拉伯人征服以来，阿拉伯语既是宗教与政治语言，也是更普遍的学术语言。如果那些来自波斯及其他地方的学者们想要进入巴格达，那么他们必须学会阿拉伯语，并用阿拉伯语完成学术著作。即便如此，在河中地区，波斯语仍然是普遍通行的语言，随着哈里发国家越来越屡弱，波斯语在各种领域越来越流行。阿拉伯语继续保持着伊斯兰语言的地位，波斯语则是其他领域最广泛使用的语言。11 世纪，波斯语已经重新在人们生活中扮演重要角色。[5] 造成这种局面的原因，与波斯人萨法尔王朝及萨曼王朝的建立密不可分，这使波斯远离哈里发王朝，并且重新获得独立的地位。因为萨曼人本身就来自中亚，因此他们建立的王朝一直与中亚保持密切的联系，这也使中亚成为波斯语世界的一部分，波斯文化得以在这一地区广泛传播。

随着波斯人最初的征服，中亚地区出现了两种截然不同的族群。一类族群是生活在草原上的游牧民，他们在一千年前曾向南迁徙，发起了对中东定居文明的进攻，他们之中最成功的人建立了强大的国家并主导了中东地区。另外一类族群生活在河中地区的城市中，这些城市是贸易和手工业中心，稳定地发展自身经济实力。当波斯人对这一地区的统治开始松动，这些以城市为中心的小国家开始形成政治力量。正是这样的过程导致 12 世纪花剌子模苏丹国（sultanate of Khwarazm）[1] 的建立。花剌子模成为一个强

---

[1]　花剌子模苏丹国强盛时期囊括中亚河中地区、霍拉桑地区与伊朗高原大部，1231 年被蒙古帝国所灭。

大的国家，开始对这一地区施加影响。当他们的政治控制力减弱，波斯文化再次繁荣起来。很多波斯语世界的学术和科学成就都来自河中地区。

阿尔·巴尔赫伊（Al-Balkhi，公元 790—866）	出生于巴尔赫，天文学家
阿尔·布哈里（Al-Bukhari，公元 870—？）	出生于布拉哈，作家
阿布·马尔沙（Abu Mashar，公元 890—？）	出生于巴尔赫，数学家
阿尔·拉齐（Al-Razi，公元 865—925）	医学家、化学家、哲学家和天文学家
阿尔·花剌子密（Al-Khwarizmi，公元 863—901）	出生于花剌子模，天文学家、地理学家（世界地图），代数学家
阿尔·法拉比（Al-Farabi，公元 870—？）	来自突厥斯坦（Turkistan）的瓦斯（Wasij），科学家、地理学家、形而上学理论家
阿尔·毕鲁尼（Al-Biruni，公元 973—1048）	出生于喀特（Kath），天文学家、数学家和地理学家（经纬度）
阿尔·祝贾尼（Al-Jurjani，公元 10 世纪）	出生于花剌子模，医学家、天文学家和数学家
阿尔·胡詹迪（Al-Khujandi，公元 10 世纪）	出生于苦盏（Khujand，锡尔河附近），天文学家
伊本·希纳（Ibn Sina，公元 970—1037）	出生于布哈拉,《医典》（*Ghazni "Canon" encyclopaedia*），医学家、地理学家、地质学家、哲学家
库思老（Khusrau，1003—1075）	出生于巴尔赫，地理学家、探险家
费尔干尼（Al-Farghani，11 世纪）	出生于费尔干纳，地理学家、天文学家
欧玛尔·海亚姆（1070—1123）	出生于内沙布尔，诗人（《鲁拜集》），数学家、天文学家

图 32　以大致时间为先后顺序罗列河中及中亚的科学家、学者（这些学者与科学家的作品大部分都是用波斯语撰写的，或是从阿拉伯语翻译为波斯语）

13 世纪初，蒙古人入侵河中地区，他们是亚洲腹地有史以来最强大与好战的民族，很快就控制了中亚与中东大部分地区。这些由成吉思汗率领的游牧者原本生活在贝加尔湖以南地区，他们建立了当时世界上最大的帝国，版图最大时横跨俄罗斯与中国大部分地区。1234 年，成吉思汗之子窝阔台去世，但蒙古帝国仍在继续扩张领土，不便于统一管理。蒙古帝国很快就分裂成若干汗国，这些汗国都是半独立国家。成吉思汗的另一个儿子察合台统治河中地区大部分土地，丝绸之路以及其他商业城市为察合台带来了巨大财富。

蒙古帝国的核心区域在中国境内，他们在此建立了元朝。14 世纪中叶蒙古开始衰落，1368 年元朝末代皇帝脱古思帖木儿不得不撤退到蒙古旧都哈拉和林[1]。随着元朝灭亡，蒙古势力的重要中心也不复存在，但蒙古人的统治仍然在一些地方延续了很长时间，其中就包括察合台汗国[2]。所谓 "Pax Mongolica"，也就是蒙古人为四分五裂的中亚各部落带来了和平，使丝绸之路与河中地区在一段时期内保持繁荣。河中地区的人们希望这种状态能够持

---

[1] 哈拉和林又称和林、和宁，位于今蒙古国中部鄂尔浑河上游，是在草原深处克烈部或回鹘都城的基础上创建的蒙古帝国首都，元朝岭北行省首府，13 世纪中叶世界的中心，地缘位置极为重要。蒙古窝阔台汗七年（1235 年）建都于此。1948—1949 年在哈拉和林废墟上进行大规模发掘，发现土墙、官殿、市街、房屋等遗迹甚多。

[2] 察合台汗国（1222—1683 年）是蒙古四大汗国之一，由成吉思汗次子察合台依其领地扩建而成。察合台汗国最盛时其疆域东至吐鲁番、罗布泊，西及阿姆河，北到塔尔巴哈台山，南越兴都库什山，包括阿尔泰至河中地区。

续下去。

这就是为什么有很多人想要复兴蒙古帝国的原因之一，这种渴望体现在撒马尔罕附近一个军事首领身上——他就是帖木儿（Timur Lenk）。当时帖木儿已经建立起他的势力，并且成为河中地区的埃米尔（Emir）。他的名字在欧洲更广为人知的写法是"Tamerlane"或"Tamburlaine"，他很快就向世人证明自己是一个精力充沛的战士，并开始征服之旅。[6]事实上，帖木儿来自撒马尔罕南部菲兹（Fez）一个叫巴尔拉斯（Barlas）的突厥部落。但是他接受的是已经在河中地区存在很久的波斯文化教育。他讲波斯语，对波斯文化各方面都非常崇敬，这可以从他的统治过程中得到证明。

1370年，当元朝末代皇帝去世的消息传到河中地区，帖木儿声称自己是成吉思汗家族的继承人，因此他的使命就是要复兴大元帝国。他总是声称自己有蒙古—突厥血统，通过这种方式他拥有了继承成吉思汗家族事业的正当性。帖木儿对于征服和权力有着巨大的渴望，不到十年的时间，他就完全掌握了察合台汗国，这也成为他未来征服之路的根据地。1390年，帖木儿已经征服整个波斯，他所仰慕的这个伟大文明的历史中心已被他收入囊中。在征服过程中，据说他造访了波斯波利斯，在那里亲眼看到了阿契美尼德人仪式性首都遗址。1393年，帖木儿攻陷巴格达，占领美索不达米亚，控制了波斯帝国及哈里发国家的权力中心。

　　之前的中东征服者们都将自己的首都迁到美索不达米亚或附近地区，然而帖木儿并没有这么做，自始至终他的权力中心都设在河中地区。他的首都是撒马尔罕，这是他一直热爱的城市，在一次又一次征服战争后，他总是要回到这里进行休整。在征服战争的间隔期，他在撒马尔罕修建了很多美丽的建筑。帖木儿将自

图 33　鲁斯塔姆陵墓，设拉子附近

已在各地得到的灵感应用到这些建筑中。他前往波斯波利斯也可能是为了寻找灵感，即使这个古都已成为一片废墟尘封在沙漠之中。卡斯提尔（Castile）的国王亨利三世（King Henry Ⅲ）曾派遣鲁伊·冈萨雷斯·德·克拉维霍（Ruy Gonzáles de Clavijo）作为大使来到帖木儿的宫廷。[7] 约翰·乌雷（John Ure）根据克拉维霍的观察记载："当帖木儿骑马穿过波斯波利斯时，他所做的不仅是以胜利者姿态巡游，而且很有可能是将这里看到的景象当作胜利放在心中。"[8]

波斯帝国的宣言展现在大阶梯上的石质浮雕中，正如第 5 章中福比斯所言，这是为了向皇帝致敬而精心制作的系列图像。[9] 如果帖木儿来到这里，这些浮雕一定会给他留下深刻的印象。

伊丽莎白女王时代亚洲征服者的故事流传很广，但就像居鲁士的事迹一样，毫无疑问是混杂了史实与神话。马洛[1] 笔下的帖木儿有一句台词："作为一名国王，在波斯波利斯凯旋，难道不勇敢吗？"（《帖木儿大帝》11.5）撒马尔罕将是新的波斯波利斯，马洛笔下的帖木儿，功绩超过大流士，正如他在其剧作中写道：

---

[1] 克里斯托弗·马洛（1564—1593 年），英国诗人、剧作家，代表作有《浮士德博士的悲剧》《帖木儿大帝》等。

　　帖木儿：在大马车上，我像萨杜恩[1]那样，乘着金
光闪闪的燃烧战车，当雄鹰掠过镶满水晶和星星的小径，
当众神伫立凝望如此盛况，我将穿越撒马尔罕的大街。

　　撒马尔罕在很大程度上沿袭了从阿契美尼德王朝到萨法维王朝
的波斯建筑传统。在建造清真寺、图书馆、学校时，帖木儿邀请了
来自遥远的设拉子[2]的建筑师。帖木儿在征服期间，设拉子给他留
下特别深刻的印象。首都的中心是帖木儿的宫殿：果克—萨来——
蓝色的宫殿，不但戒备森严，而且周围遍布花园和公园。巴吉迪库
沙是帖木儿最喜欢的花园之一，这座译为"心之喜悦"的花园是为
了纪念他与可汗的女儿图卡尔·卡努姆的婚礼而设计。1404 年，克
拉维霍注意到撒马尔罕是一个坐落在森林中的城市，这里有花园、
小溪、果树以及贮水池、橄榄林、引水渠。随着波斯国王的征服，
在这里，另一位深受波斯文化影响的征服者在帝国的中心建造了一
座天堂。克拉维霍说："这是他征服之旅的第一站，也是他在所有
城市中最喜欢的一站，因为他在这里建造的建筑成为他征服过程中

---

[1]　萨杜恩（Saturn）是罗马神话中的农业之神，相当于希腊神话中的克洛诺斯，
罗马神话中的朱庇特（Jupiter）就是他的儿子。

[2]　设拉子，城区分新、旧两部分，旧城有赞德陵墓、波斯波利斯遗迹、清真寺等
古迹；新区有基督教、波斯教会教堂和学校，为商业区和工业区。公元前 6 世纪是
波斯帝国的中心。

图34 从东面拍摄的古尔埃米尔清真寺穹顶，撒马尔罕，1950年拍摄

的藏宝库。"[10]

从旅行者的游记及评论中可以明显地看出，这座城市及其周边由帖木儿亲自设计，非常贴合阿契美尼德时代的波斯传统。城市的组成因素非常清晰：最重要的是为灌溉土地而修建的人工沟渠，它的修建使原本丑陋贫瘠的土地变得美丽而富饶。在城市的中心，是他为自己建造的天堂般的建筑，包括宫殿和清真寺，花园则是非常

重要的组成部分，不但能够烘托中心建筑的宏伟，还能为人们带来欢乐。毫无疑问，帖木儿在征服期间领略过很多美丽的花园，他将建造这些花园的建筑师以及维护花园的园丁带到撒马尔罕，让他们为自己设计、打理花园。

狂热的征服活动与城市建造同时进行，一个崭新的波斯在河中地区核心地带诞生。几个世纪以来，来自北方的势力[1]夹杂政治、经济、文化等方面的影响，伴随着帖木儿及其继任者的到来达到了巅峰。尽管这个说波斯语的突厥人对他的敌人极其残忍，但总的来讲他是一个很有文化教养的人，他最开心的事情就是与科学家、学者进行交流。

帖木儿打算利用从其他地方掠夺来的战利品，将撒马尔罕打造成美丽与文化并重的城市。从帝国的角度来讲，这并不是一个新的波斯波利斯。正如马洛所言，帖木儿要建立的撒马尔罕并不是一座因帝国的权力而声名远扬的城市，而是因城市的文明程度成为欧亚大陆闻名遐迩的城市。但是，帖木儿需要一个首都达到帝国统治的目的，因此他选择在巴拉斯克兰境内的沙赫里萨布兹修建首都，沙赫里萨布兹位于撒马尔罕以南约 50 公里，以前被称为凯什。据说帖木儿曾讲道："让那些怀疑我们力量的人看看我们的建筑。"沙赫

---

[1]　包括突厥人、蒙古人等。

里萨布兹无疑是为此目的而建。[11]

　　虽然波斯波利斯的石构建筑与周边的花园展现了美丽与权力的统一，但帖木儿选择将权力与美丽分开，在不同的城市分别展示。沙赫里萨布兹与撒马尔罕这两座在河中地区相邻的城市，表现了帖木儿性格的不同面。前者反映了他的突厥血统，后者则体现了他对波斯文化的欣赏。根据阿敏·马洛夫（Amin Maalovf）描述，撒马尔罕是大地向太阳所展现出的最美的一面。[12]

　　1403年，帖木儿在对印度的征服战争失败后，回到了撒马尔罕。卢克·科万腾在他的著作《游牧帝国》中写到，残酷无情的掠夺使德里成为一座空城，留下的只有"血痕"。[13] 此外，帖木儿还击败并羞辱了奥斯曼苏丹巴亚兹德。这一事件是马洛剧作《帖木儿大帝》的核心部分，同时也是他把帖木儿描绘成一名无情的亚洲征服者的关键。然而，当帖木儿回到他最喜爱的城市——撒马尔罕，他性格中的另一面开始显现，他开始全身心投入到这座城市的建设中。此外，帖木儿对首都的"疯狂建设"与他在其他地方的疯狂破坏形成了鲜明的对比。英国记者贾斯汀·马洛奇（Justin Marozzi）告诉我们，"带着对战争的激情能量"，帖木儿的注意力全都集中在建设他的首都上。马洛奇将帖木儿最终计划建造的大清真寺，称作"帖木儿在建筑上的巅峰之作"。[14] 然而，这个老战士对领土的贪婪没有止境，因为旧蒙古帝国的大部分重要区域仍在他的掌控之外——这就是中国。帖木儿自称成吉思汗的后代，因此他决定征服中国。在建造城市的同时，他也在为征服中国的战争做准备。1405 年，他率领大军向东出击，但是已经 69 岁的他身体状况很差。1406 年 1 月，这位征服者死在塔什干以北的奥拉特尔平原严酷的寒冬中。[1] 帖木儿的遗体被运回他所钟爱的撒马尔罕，安葬在已经准备好的古尔埃米尔陵墓（Gur-Emir tomb）中。

帖木儿的征服计划在他死后戛然而止，奥斯曼人很快取代了帖木儿势力，成为中东地区的主导者。帖木儿在河中地区建造的两座城市成为他奇特矛盾性格的纪念品。按照格鲁塞（R. Grousser）的说法，他不是一个野蛮人，"而是一个有文化的人，一个波斯文学的爱好者以及一个随时准备好引用《古兰经》的人"。[15]

帖木儿最持久的遗产是撒马尔罕的城市文明，而不是沙赫里萨布兹的力量。撒马尔罕成为帖木儿王朝在中亚创造的最让人印象深刻的土著文明城市。帖木儿王朝的成就建立在波斯遗产的基础上，波斯文化很早就开始进入河中地区，帖木儿是波斯文化的拥护者与传承人。

作为一个征服者，帖木儿给印度带来的只有死亡与破坏。但是他的继承者则将波斯文化带入这片与众不同的次大陆。

---

［1］　此处疑为原书作者笔误，帖木儿于 1405 年 2 月病逝。

图 35 位于沙赫里萨布兹的帖木儿白色宫殿遗迹，乌兹别克南部

第 12 章

乐土：印度地区帖木儿到莫卧儿时期的波斯遗产

帖木儿具有人格分裂的特点，他一方面展现出对波斯文化的热爱，另一方面则是对征服和毁灭的渴望。创造与毁灭在帖木儿身上相得益彰，但他的继任者们则更有涵养也更热爱和平，更多继承了他文明开化的一面。帖木儿帝国不久就土崩瓦解，但是他的继承者们，也就是帖木儿的后代，展现出伟大的艺术与学术成就。帖木儿帝国的遗产集中在河中地区，这里成为中亚传播波斯文明的中心。

帖木儿的儿子沙鲁赫继承了王位，他与帖木儿的性格完全相反，人们形容他是一位"有文化的和平主义者"。[1]沙鲁赫将首都从撒马尔罕迁至撒马尔罕以南600公里的赫拉特，并将他的儿子兀鲁伯留在河中地区负责管理。兀鲁伯在阿拉伯人那里被称作"Mawarannahr"，他继承王位后仍将首都设在撒马尔罕。他原本可以离开撒马尔罕这个与帖木儿暴力统治联系在一起的权力中心，但是作为一名老战士的孙子，兀鲁伯完全改变了撒马尔罕的状况。在兀鲁伯将近半个世纪的统治中，撒马尔罕一直处在平稳的建设时期，中亚的波斯文明经历了前所未有的繁荣。正是在兀鲁伯的统治下，撒马尔罕建起了很多非常壮观的建筑，其中就包括雷吉斯坦广场（Registan Square），19世纪来到这里参观的科松（Curzon）曾经说这里是"全世界最壮观的公共广场。在东方我不知道还能有什么东西能与这里的简单与壮丽相媲美，在欧洲，同样没什么能与之相

沙鲁赫（Shahrukh，1405—1447），帖木儿第四子
兀鲁伯（Ulugh Beg，1409—1449），帖木儿之孙，河中地区阿米尔；1447—1449 年帖木儿王国统治者
阿布达尔—拉提夫（Abdal-Latif，1449—1451 年在位）
阿布·赛义德（Abu Said，1451—1469 年在位）
侯赛因·拜卡拉（Husayn Bayqara，1470—1506 年在位）

图 36　帖木儿王朝重要的统治者及统治时期

图 37　撒马尔罕的雷吉斯坦广场

提并论⋯⋯"[2]

　　正是兀鲁伯将祖父的陵墓——美丽的古尔埃米尔与雷吉斯坦广场修建在一起。此外，兀鲁伯还扩建了很多美丽的花园，撒马尔罕变成了帖木儿心中向往的波斯乐园。

　　但是，兀鲁伯最重要的成就是在天文学与数学领域。在首都的外围，他修建了一座壮丽的天文台，很多天文学家都在此观察天象进行研究。当时天文学家测量出的天体轨道运行距离后来被证实是非常精确的。

　　沙鲁赫父子的统治，促进了河中地区科学与艺术的繁荣。因此，他们统治的时期可以称得上是帖木儿文明的黄金时代。15世纪上半叶，河中地区是全世界最重要的科学中心。除了天文学研究外，对地球的研究同样也在进行，地理学家在那里绘制了很多地图，这些地图体现出当时人们对地理学的惊人理解——其中有一张地图将撒马尔罕作为世界中心。在这一切发生的同时，基督教世界的重大科学研究受到天主教会的严厉打压。那幅总是被人们提起的由基督徒绘制的世界大地图（mappa mundi），仍然是以天主教义为基础，与真正的地理并无什么关系，也没有反映任何关于自然世界的新观念。河中地区发生的这些事情可以称作是"帖木儿的文艺复兴"，撒马尔罕及其附近的布哈拉、首都赫拉特成了一个繁荣文明的伟大中心。帖木儿及其子孙的统治以波斯文明为基础，这一古老文明的传统再次深入中亚。[3] 当时来到撒马尔罕的旅行者将这里描述为"世界的镜子""被祝福的花园"或"第四天堂"。[4] 撒马尔罕与布哈拉成为伟大的艺术与科学中心，尤其是在天文学与地理学领域，成就完全超过当时的欧洲。

帖木儿王朝的奠基人去世后，沙鲁赫与兀鲁伯为帖木儿王朝的发展定下基调，他们的继承者也跟随着他们的脚步。帖木儿人对科学与艺术的兴趣一直持续到 15 世纪，直到被北方的入侵者中断。这些入侵者是乌兹别克人，随着他们的到来，帖木儿王朝的黄金时期结束。乌兹别克人占领了撒马尔罕，帖木儿人不得不向南撤退到阿富汗。

抵抗入侵者的领袖是一位叫巴布尔的帖木儿王朝王子，他的祖父是帖木儿的直系后代。他成功地将领土从乌兹别克人手中抢回，甚至一度重新夺回撒马尔罕。1512 年，巴布尔在撒马尔罕以北被乌兹别克人击败，于是与其他人一样，他不得不前往阿富汗避难，这标志着帖木儿王朝的终结。从此，乌兹别克人成为河中地区的统治者。

巴布尔的权力中心在今天的喀布尔，他仍然不断发动战争以求恢复帖木儿王朝的统治。从历史上看，阿富汗地处北方游牧民族入侵印度的咽喉之地，巴布尔的家乡被乌兹别克人占据，他被迫将目光投向南方。1526 年，巴布尔取道通往旁遮普的开伯尔山口入侵印度，在德里以北的旁遮普击败了德里苏丹国（Sultanate of Delhi）[1]

---

[1] 德里苏丹国（1206—1526 年），共存在了 320 年，是 13—16 世纪突厥人和阿富汗人军事贵族统治北印度的伊斯兰教区域性封建国家的统称，以其建都德里得名。1526 年，德里苏丹国被莫卧儿王朝取代。德里苏丹国的统治阶级都是中亚来的伊斯兰教军事封建贵族，以突厥人和阿富汗人"四十大家族"（Chihalgani）为核心，占有大量的军事采邑土地"伊克塔"。

大军。巴布尔继续向南推进，占领了德里苏丹国最后的首都西坎德拉巴德，德里苏丹国灭亡，巴布尔称帝，建立了在未来三个世纪统治印度大部分地区的莫卧儿王朝（Mughal dynast）。

"Mughal"一词来自波斯词汇"Mughul"，也就是"蒙古"的意思。帖木儿王朝的创造者帖木儿宣称自己拥有蒙古血统，因此获得了继承蒙古帝国的正当性。他娶了一位来自成吉思汗家族的公主，从此称自己为"古尔干"（Gurgan），也就是波斯语"女婿"的意思，他自称"古尔干"的次数甚至比"汗"更多。帖木儿的后代们也一直延续着这种联系，因此莫卧儿人甚至自称为"古尔干尼"（Gurkhani）。以这种方式，他们既保留了帖木儿王朝的记忆，又加强了与波斯文化的联系。

虽然取得了战场上的胜利，但莫卧儿王朝的军事力量绝对不是新王朝本质的代表。他们毕竟是帖木儿的后裔，对创造的渴望超过对破坏的渴望。至少早期的莫卧儿统治者证明了他们是文明的，他们讲波斯语，而且掌握了从波斯传播到河中地区的艺术、建筑、科学和文学传统。就像人们看到的，波斯向北的扩张促使河中地区出现了一批伟大的学者与科学家，比如阿尔·毕鲁尼及伊本·希纳。此外，在波斯文明的影响下，撒马尔罕出现了很多宏伟的建筑，当然还有美化城市的波斯花园。莫卧儿人的到来不只是简单地征服，他们还为印度次大陆带来了艺术、建筑、文学与科学等方面的成就。

开启这一进程的人是巴布尔，作为伟大的帖木儿文明继任者，据说他是当时亚洲最天赋异禀的君王。按照英国历史学家文森特·亚瑟·史密斯（Vincent Arthur Smith）的说法，"他配得上在任何一个时代掌握国家大权"。[5] 巴布尔的日记《巴布尔之书》（Babur-nama）是用突厥语写成的，在他去世后被翻译成波斯文。在这本书中，巴布尔详细描述了他征服的过程以及他继承的新帝国的本质。[6] 他对印度的评价不是很高，在他看来印度只是一片很大的土地，有"很多金银"之类的东西以及大量容易驱使的劳动力。他不喜欢这里炎热的气候，非常想念阿富汗山区的凉爽。1530 年，巴布尔去世，他的遗体被运回并埋葬在他所钟爱的喀布尔。

与他的祖先帖木儿一样，巴布尔既是一名战士也是一位学者，但他并不像帖木儿那样残忍。他的儿子胡马雍则更像是沙鲁赫与兀鲁伯这种帖木儿王朝传统类型的统治者。他热衷于读书与学习，但作为统治者却并不是很成功；正是他开启了将德里改造成一个莫卧儿帝国大城市的工程。他是第一位埋葬在印度的莫卧儿王朝皇帝，他在德里的陵墓是一座非常典型的早期莫卧儿建筑，造型宏伟，风格更接近受波斯文化影响的河中地区。这座陵墓由布哈拉的波斯建筑师设计，这种建筑造型在帖木儿王朝时期的撒马尔罕与萨法维时

图 38 《巴布尔之书》中的细密画，巴布尔正在喀布尔设计一处花园，1508 年

期的波斯都十分常见。

另一个来自波斯的概念是在陵墓周围建造花园，这样做可以使陵墓在绿色植物背景下显得更加辉煌。第一座莫卧儿花园取材于撒马尔罕的花园，不论是莫卧儿花园还是撒马尔罕花园都源于波斯花园。花园是莫卧儿人给印度带来的礼物之一。

胡马雍的继承人是阿克巴（Arkba），作为莫卧儿帝国的统治者，他成功地将整个地区联合在一起。与此同时，他也花费很多时间在修建城市上，这种对建筑的狂热让人想起他的祖先——撒马尔罕的帖木儿。阿克巴在阿格拉（Agra）修建了宏伟的堡垒，并在阿格拉附近修建新的首都法特普尔希克利（Fatehpur Sikri），意为"胜利之城"。但这个首都并没有长时间成为权力中心，或许阿克巴从一开始就未打算将此作为权力中心，就像波斯波利斯一样，这里一开始就被设计成仪式性城市。法特普尔希克利在很多方面都与阿契美尼德首都波斯波利斯十分相似，其最重要的作用是作为一种象征，将帝国与宗教联系在一起。[7]

图 39　一位不知名的德里艺术家用水彩完成的阿格拉风格作品，描绘的是 1820 年德里胡马雍陵风景画，周围是更早期的莫卧儿花园

巴布尔（Babur，1526—1530 年在位）
胡马雍（Humayun，1530—1556 年在位）
阿克巴（Akbar，1556—1605 年在位）
贾汗吉尔（Jahangir，1605—1627 年在位）
沙贾汗（Shah Jahan，1637—1658 年在位）
奥朗则布（Aurangzeb，1658—1707 年在位）
（胡马雍在位时发生很多叛乱，他曾在 1540—1545 年逃亡外地）

图 40 莫卧儿王朝前六位君主

与先辈们一样，阿克巴也是一个穆斯林，但他也对印度其他宗教很感兴趣，他常常将每个宗教的代表请到潘奇马哈（Panch Mahal）——一个五层建筑里，一起探讨宗教问题，产生了很多新思想。这种新思想逐渐发展成一种新的、中庸的国教，这种宗教以阿克巴为中心，名叫"Dīn-i Ilāhī"，也就是"神圣宗教"（Divine Religion），从此莫卧儿帝国具备了很多神权国家特征。[8] 尽管如此，帝国对于其他宗教的政策仍旧非常宽容，阿克巴本人也参加印度教的庆典。这种宗教的态度与居鲁士在阿契美尼德帝国时期的宗教态度十分相似。记录当时统治状况的《阿克巴之书》用波斯语写成，其中记载了很多阿克巴对宗教感兴趣及宗教态度的事例。[9] 有趣的是，在这种宗教宽容的气氛中，与其他宗教相比，伊斯兰教这一波斯人与帖木儿人官方的宗教开始被打压。

实际上，阿克巴并没有在他的胜利之城逗留太长时间，很快他就离开这里来到拉合尔（Lahore），之后又转移到阿格拉的红堡。在红堡坚固的城墙中，阿克巴与其继任者安全地计划着将帝国扩张到南部。法特普尔希克利一直是莫卧儿帝国伟大的权力符号，但其实宗教才是帝国的核心。该城最大的建筑是主麻清真寺（Jama Masjid），它是按照麦加清真寺的样式设计的。当时，阿克巴已自称伊玛目，因此他既是帝国的政治首领，也是宗教领袖。

阿克巴执政的最后一年在法特普尔希克利建造了最后一个建筑——布兰达尔瓦扎（Buland Darwaza），意为"胜利之门"，这象征着帝国政治与宗教的结合。这个建筑是通往主麻清真寺的入口。阿克巴国教中的中庸特征在这里得到了充分的体现。入口处上方有铭文："玛利亚之子耶稣，愿他平安；世界是一座桥，人们应该过桥，而不是在上面盖房子。"桥的图像在胜利之城的其他地方也能看到，表现了阿克巴统治时期不同民族与宗教的联系。

法特普尔希克利虽然采用莫卧儿的建筑风格，但仍受印度教的影响，这其中有很强的政治意味。桥梁的概念在居鲁士的帝国中也能看到，具体地说就是宗教宽容政策。无论是居鲁士还是阿克巴，都没有在帝国内强行实施民族融合政策，而是允许这种天然的多元性存在。阿克巴的神圣宗教在莫卧儿帝国中扮演的特殊角色，与琐罗亚斯德教在阿契美尼德王朝中扮演的角色在很多方面都是相同的。

阿克巴卒于 1605 年，他的儿子贾汗吉尔继承王位。贾汗吉尔在西坎德拉巴德附近为阿克巴修建了一座宏伟的陵墓。与胡马雍的陵墓一样，阿克巴的陵墓周围也环绕着莫卧儿风格的花园。

　　这种波斯花园的概念在阿克巴的孙子沙贾汗修建的建筑中扮演了重要的角色。在所有建筑中，最宏伟的莫过于建在阿格拉的泰姬陵了。这是沙贾汗为他早逝的妻子穆塔兹·马哈尔（Mumtaz Mahal）修建的。泰姬陵、清真寺、居所和花园的修建都遵循了波斯传统。建造泰姬陵的艺术家与工匠来自撒马尔罕、布哈拉、巴尔赫，甚至还有更远的设拉子，他们为这座建筑带来了精美的马赛克、书法与雕刻。这座陵墓是最成熟的莫卧儿风格建筑，这种风格汲取了大量撒马尔罕建筑的精华，其中还包括早期萨珊风格要素。与在撒马尔

图 41　位于阿格拉的泰姬陵

罕的帖木儿、法特普尔希克利的阿克巴一样，沙贾汗同样以狂热的激情投身于建筑设计中，而且丝毫不考虑成本。很多人认为，泰姬陵给这个帝国带来了巨大的财政消耗。

在阿格拉完成了这一宏伟壮丽的建筑后，沙贾汗做出了一个重要的决定——将首都迁回德里。与他的先祖们一样，他也是一位天生的建造者，他在德里旧城的基础上建了德里新城，在新城修建了高塔与巨大的城墙，新城被命名为"沙贾汗之城"（Shahjahanabad）。[10] 这座城市被设计成棋盘状，被一条名为"月光集市"（Chandni Chowk）的大道一分为二，该城市最重要也是最令人印象深刻的建筑是第二红堡，这是皇家住所及政府中心。这个城堡的建造不但用到与阿格拉城堡类似的红色砂石，还用到与泰姬陵类似的白色大理石。这里无疑是一个用石头打造的权力象征，在厚厚的围墙之内有很多美丽的建筑。位于红堡中心的是"迪万伊阿姆"（Diwan-i-Am）——公共大厅，莫卧儿帝国的皇帝就是在这里处理朝政。正如英国艺术家路易斯·尼克尔森（Louise Nicholson）所说的那样，这里是"莫卧儿帝国的中心舞台，是举行重大典礼仪式的地方"。[11] 莫卧儿人再一次遵循了阿契美尼德人的传统，用石头展示权力。就像波斯波利斯通向万国之门与王座的大阶梯那样，沙贾汗设计的庆典游行路线是沿着月光集市大道穿越拉合尔门，最后来到皇帝所在之处。

　　虽然迪万伊阿姆是展示权力的地方，但真正的权力中心则藏在后面的迪万伊卡斯（Diwan-i-Khas），也就是皇帝接见大臣、讨论国家大事的地方。这个大厅最伟大的是镶嵌了各种稀有宝石的孔雀王座（Peacock Throne），孔雀王座代表了皇帝的荣耀与权力。造访这里的法国人弗朗索瓦·贝尼尔（François Bernier）是这样描述孔雀王座的：

　　　　在大厅的尽头，国王坐在孔雀王座上，衣着华丽：他穿着一件精致的白花金丝丝绸背心，头上戴着王冠，王冠底座由钻石与黄水晶构成，耀眼如太阳光芒……孔雀王座有六尺高，纯金打造，上面镶满了红宝石、绿宝石与钻石。我没有办法准确地估算这些宝石的数量与价值，因为没人能够靠近王座。[12]

　　孔雀王座位于红堡中心，因此这里也是莫卧儿帝国核心所在，同时还是皇帝的私人休闲场所。在王座上方的墙上，雕刻着库思老的波斯文铭文："如果世间有乐园，那一定是这里！这里！这里！"

　　莫卧儿人一直以来都非常喜欢花园、喷泉、泉水与水池，这些元素围绕在建筑周围，在红堡中随处可见，就连皇帝的后宫与私人

图 42　德里红堡里的迪万伊卡斯

场所也是如此。就像上文提到的铭文，这些莫卧儿花园绝对是波斯概念中的乐园，这一点莫卧儿人自己也是明白的。红堡中的花园都是典型的波斯风格花园，在波斯被称作"Char-bagh"（四花园形式），这种类型的花园被围墙围起来，两条十字交叉的水道将花园分为四部分，交叉点处是一个带喷泉和小瀑布的水池。在德里干燥的气候中，这些花园与两千年前的阿契美尼德王朝花园一样，受到人们的欢迎与喜爱。

　　毫无疑问，波斯语是莫卧儿帝国最重要的语言，莫卧儿皇室重要的文书基本都是由波斯文写成的，即使不是波斯文，也会很快地被翻译成波斯文。波斯语是莫卧儿帝国的官方语言，并且一直延续到 19 世纪。巴布尔曾经还将波斯书籍的插画艺术带到印度，甚至鼓励当地的艺术家恢复波斯细密画创作传统。当时最重要的历史学家是阿布尔·法兹尔（Abu'l Fazl）——《阿克巴之书》的作者。这本书详细记载了这位伟大皇帝统治时期的各种活动。据说法兹尔的波斯文写作文笔之优美甚至超过印度梵文。他还写了一本篇幅很长的书——《安伊阿克巴》（Ain-i-Akbari）——相当于莫卧儿王朝的"末日审判书"。类似《薄伽梵歌》（Bhagavad Gita）[1]这样的梵文著作被翻译成波斯文，用来帮助阿克巴制订团结各民族的计划。实际上，语言上的差异隔断了统治者与被统治者之间的联系，这种情况就像是讲法语的诺曼人与他们的盎格鲁—撒克逊臣民一样。波斯语与印地语之间的差异所造成的语言与文化差异，一直延续到 19 世纪莫卧儿帝国的灭亡。这种分裂也是莫卧儿帝国未能统治印度的重要原因之一。

尽管相隔千年，但阿契美尼德人与莫卧儿人之间有很多相似之处。居鲁士以合作与相互尊重的方式成功地建立了自己的帝国，但

---

[1] 薄伽梵歌的字面意思是"主之歌"或"神之歌"，这里的主或者神就是黑天，薄伽梵相当于上帝，梵相当于圣灵。薄伽梵歌是印度教的重要经典与古印度瑜伽典籍，为古代印度的哲学教训诗，收载在印度两大史诗之一《摩诃婆罗多》中。它是唯一一本记录神，而不是神的代言人或者先知言论的经典，共有 700 节诗句。成书于公元前 5—前 2 世纪。

是从大流士开始，之后的继承者们背离此道，使统治最终变成了常见的建立在压迫与恐吓基础上的典型的帝国主义，这也是阿契美尼德帝国灭亡与亚历山大获胜的主要原因。与之相似，莫卧儿皇帝阿克巴试图通过尊重与信任的方式将他的臣民团结起来，但其后的继位者们则采用了更为强硬的方式。历史学家约翰·基耶（John Keay）认为，自沙贾汗开始，"阿克巴时代轻松的政治氛围不复存在，取而代之的是更威严的象征主义统治，此后，这位世界之王便开始在洒满阳光的洁白大理石高台上施行统治。在红堡，宫廷典礼与会议便定格在石头中了"。[13] 大流士之后，阿契美尼德王朝很多统治内容也被"定格在石头中了"，这种情况与沙贾汗的儿子奥朗则布的统治很相似，他为人残忍，对宗教毫不妥协，定下了莫卧儿帝国之后的发展基调。奥朗则布统治末期，穆斯林与印度教徒之间已是水火不容。

波斯文化对莫卧儿人的影响持续了近两百年，不久，波斯人开始以另一种方式介入印度次大陆的事务。在奥朗则布于 1707 年去世后不久，其他入侵者开始进入印度，其中最残忍的是波斯人纳迪尔沙（Nadir Shah）。1739 年，纳迪尔沙取道阿富汗进入印度，这条路也曾经是无数征服者选择的道路。他们在卡尔瑙（Karnal）击败莫卧儿大军并占领德里，这为统治了印度达两百年之久的莫卧儿王朝敲响了警钟。纳迪尔沙就是另一个版本的帖木儿，他靠篡权夺位，在德里大肆烧杀抢掠，与三百年前帖木儿的作战方式类似。他带着大量战利品回到波斯，包括各种金银宝石，其中最著名的是那块光之山钻石（Koh-i-noor diamond），这块钻石最终辗转流传到了英国女王的王冠上。更重要的是，纳迪尔沙还将从沙贾汗时期就被作为莫卧儿王权象征的孔雀王座带回了波斯。孔雀王座被夺表明了莫卧儿王朝统治的羸弱。从此，莫卧儿的皇帝就变成了傀儡，成为冒险家手中的棋子。在接下来的半个世纪，莫卧儿帝国名存实亡。这种情况在波斯对句中是这么描述的："从德里到帕拉姆，就是阿拉姆国王的领土。"帕拉姆就在德里附近，这两句话描述的是阿拉姆国王当时只不过能控制自己的首都而已。1804 年，阿拉姆将自己置于不列颠的保护下，从此一个新的势力接管了莫卧儿帝国的废墟。为了与莫卧儿人交流，英国人认为需要学习波斯语，没过多久英国人便掌握了这门语言。这是因为学习波斯语使英国人能够了解这一伟大文明的文学与历史，并加入到所谓"东方学"的研究中。[14] 这些知识对于英国人成为莫卧儿帝国的继承者，以及努力巩固大英帝国世界体系具有特殊的价值。

当孔雀王座被纳迪尔沙带回自己的首都后，王座不再是莫卧儿统治者的象征，却变成了波斯帝国王权的象征。在波斯王室定期举行的加冕仪式等盛典上都可看到孔雀王座的踪影，从此，孔雀王座在某种程度上成为波斯王权的代名词。孔雀王座的象征意义一直延续到波斯最后一个国王被伊斯兰共和国（详见第 15 章）推翻为止。[15]

第13章

携带金黄鱼子酱的居鲁士：

向第一个王朝致敬的末代王朝

第一个主导古代世界的帝国令人惊讶的以一个又一个帝国的形式持续了 2000 年。伊朗在一千纪中叶时由沙王（shah）统治，到了 20 世纪，统治者仍然是一位沙王。但是，20 世纪时，这个国家在世界舞台上的重要性已大大降低；伊朗帝国只是一只来自遥远过去的恐龙，此时的它只能在现代西方国家的夹缝中生存。第二次世界大战后，伊朗的末代王朝试图重振自己的势力，为此，20 世纪 70 年代，他们专门在波斯波利斯这个古波斯帝国的首都，举行了其在世界舞台上的最后一次庆典。

正如历史展示给我们的那样，第一个波斯帝国——阿契美尼德王朝，作为古代世界最强大的势力，统治期长达两百年。阿契美尼德帝国控制了中东以及地中海东部的大部分地区，直到公元前 4 世纪才被亚历山大大帝击败。亚历山大的继承者们曾短暂地统治波斯，之后帕提亚人来到这里。长久的间歇期后，波斯帝国在萨珊王朝的统治下再次复兴。萨珊王朝的统治一直持续到公元 7 世纪被阿拉伯人击败为止，此后，波斯在很长时间内失去了他们引以为豪的认同感，成为伊斯兰哈里发国家的一部分。公元 10 世纪，波斯脱离哈里发国家再次获得独立，一直到现代，它一直维持着独立的地位。波斯经历了很多朝代统治，每一个朝代都试图寻找与之前朝代的联系，以此来获得统治的正当性。但是，波斯的重要性仍在不断降低，到 19 世纪的恺加王朝（Qajar dynasty）[1]时，这个国家在世界上已经没有什么影响力了。

发生于 19 世纪后半叶的两个事件改变了上述状况。1859 年，苏伊士运河开通，东方与西方之间的航线从好望角转移到中东地区。虽然这件事最初与波斯并无关系，但中东地区地缘政治的重要性却大大提高。当时世界上的两大强权——英国与俄国都对波斯产生了极大兴趣，英俄之间的对立被后人称为"大博弈"。英国最关心的是与印度之间的贸易路线，因此波斯的地理位置对权力争夺来讲十分重要。后来的印度总督科松爵士在他 1892 年的著作《波斯与波斯问题》中特别强调了波斯对英国的重要性。按照科松的说法，这个曾经的伟大帝国已经萎缩成英国与俄国博弈中的"一枚棋子"。[1]

第二件改变波斯地位的事件发生在 19 世纪末，内燃机的出现使石油愈加重要。与中东地区其他国家一样，波斯也盛产石油，因此它成为一个在西方列强眼中有利可图的国家。[2]

第一次世界大战结束后，国力正盛的英国影响力处于巅峰。英国人对波斯的兴趣越发强烈，以至于美国在波斯的政府代表摩根·舒斯特（Morgan Shuster）说这个国家正在被"掐死"，他后来

---

[1]　建立恺加王朝的恺加部落原是一个较小的部落，居住在波斯北部马赞达兰的亚斯特巴地区。1779 年恺加人建立王朝，定都德黑兰。

还写了一本与之相关的书，在这本书中，他提到波斯已经成了一个"非官方的委托国"，波斯政府无权管理本国事务。

在如此困难的环境中，最后的波斯王朝——巴列维王朝（Pahlavi dynasty）建立。1921年，一位名叫礼萨·汗（Reza Khan）的波斯军官被任命为军事部长，后来又担任总理。在他眼中，最重要的任务就是让波斯摆脱列强的控制，重振波斯力量。此时的恺加王朝已经非常孱弱，沙王昏庸无能，有人提出应该让礼萨·汗担任沙王。礼萨·汗欣然接受这个提议，恺加王朝末代沙王阿合麦德·沙（Ahmad Shah）不得不下台开始流亡。礼萨·汗随后选择了巴列维这个名称，以此将新王国与波斯历史和文化联系起来。[3]1926年，他以礼萨·沙·巴列维（Reza Shah Pahlavi）的名号登基，并紧急召开制宪会议宣布自己为"伊朗的万王之王"（Shahanshah-i-Iran）。他非常成功地削弱了外国势力对伊朗的影响，尤其是英国。舒斯特在《扼住波斯的咽喉》（*The Strangling of Persia*）一书中，指出波斯新政策的方向。[4]

礼萨·沙想将他的新王朝与前伊斯兰时期的波斯联系起来，尤其是阿契美尼德帝国。但他还认为如果要恢复波斯帝国往日的荣耀，那就必须实现现代化。为了完成这个目标，他推行了极端的西方化政策，其中包括法律系统的世俗化。以法国民法为基础的新民法开始被应用在新法庭中，取代了之前的伊斯兰法庭。伊斯兰

图 43　纳斯鲁丁沙王早期肖像（1848—1896 年在位）

教的沙里亚法及神职人员的影响力被大大削弱，传统的阿舒拉[1]宗
教仪式也被废止，该仪式是在穆哈兰月的第十天为纪念侯赛因殉教
而设。此外，国家成立了新的公立世俗学校，这些学校都用波斯语
教学，阿拉伯语词汇和名字被移除。波斯的历史，尤其是帝国往日
的辉煌取代了原来的伊斯兰教育。波斯的太阳历取代了伊斯兰教历
法。伊朗民众必须着欧式服装，禁止戴面纱。随之而来的是女性的
解放，之前女性需要戴面纱，而且无法参与公共活动。高等教育也
开始筹建，一所新的国立大学在德黑兰成立。此外，伊朗的波斯语
学院成立，该学院的任务是净化波斯语词汇并删除外来词汇，但阿
拉伯语与波斯语一起使用了好几个世纪，因此删除波斯语中的阿拉
伯语词汇非常困难。

　　波斯国家银行在德黑兰成立。这家银行发行国家货币里亚尔
（rial），并负责制定国家金融政策。此外，这家银行还参与制定国
家经济政策，协助改善交通系统，为加工糖、棉花之类的农产品建
立工厂。1933年，波斯政府与益格鲁—波斯石油公司重新签订协
议，提高了政府在石油贸易中获得的利润比，以此来支持国家的现
代化发展。

　　作为改革与经济发展的象征，1938年，波斯正式更名为"伊

―――――――――

[1] "阿舒拉"为阿拉伯文"第十日"的译音。根据伊斯兰教历，这一日是伊斯兰
教历的1月10日。

朗"。"伊朗"这个名字其实在很久以前就开始使用了，其来源是梵文"ārya"，意思是"高贵"或"出身高贵"。这个名字曾被用来称呼那些在公元前一千纪从中亚迁至中亚外围的民族，以及他们之中地位高贵的人。有很多国王登基时的头衔都是"伊朗的万王之万"。尽管波斯这个名字有很多变体，但都来源于欧洲人常用的帕尔斯。波斯人对自己身为雅利安人非常自豪，这一点也成为他们珍贵的遗产，沙王试图将此展现给他的人民与全世界。19世纪30年代，种族主义在欧洲是一个很有影响力的概念，沙王通过更改官方名称和当时的主流观念保持一致。[5]

这种彻底的国家现代化与宗教世俗化，与穆斯塔法·凯末尔[1]在土耳其的改革十分相似。在那里，逊尼派的奥斯曼帝国正转变为世俗化的土耳其民族国家。

礼萨·沙非常敬佩这位土耳其的领导人。他访问了土耳其，并在任何一个他认为可以改革的方面都借鉴了土耳其改革模式。但是，不可否认的是沙王的政权与凯末尔政权还是有很大的差异。第一，凯末尔用共和国取代了奥斯曼帝国，而礼萨·沙则将目光投向

---

[1] 穆斯塔法·凯末尔·阿塔图尔克（1881—1938年），又译基马尔、凯穆尔，土耳其革命家、改革家，土耳其共和国缔造者，土耳其共和国第一任总统、总理及国民议会议长。执政期间施行了一系列改革，史称"凯末尔改革"，使土耳其成为世俗国家，为土耳其的现代化奠定了良好的基础。1934年11月24日，土耳其国会向凯末尔赐予"阿塔图尔克"一姓，即"土耳其人之父"之意。1938年11月10日在伊斯坦布尔去世，享年57岁。

阿契美尼德帝国，把这个古老的帝国看作恢复国家辉煌的模范。第二，虽然礼萨·沙发起了纯洁波斯语运动，意在去除波斯语中的阿拉伯语词汇，但文字本身却没有变化，并不像土耳其那样用拉丁字母取代阿拉伯字母。

第三，与凯末尔相比，最大的不同之处是礼萨·沙在第二次世界大战期间支持德国及其盟国。更换国家名称的做法与种族主义联系在一起，这促使沙王制定了很多亲纳粹政策，因此，英国与俄国开始对伊朗施加压力，这直接导致 1941 年礼萨·沙被迫下台，让位于他的儿子穆罕默德·礼萨（Mohammad Reza）。新沙王更倾向于与英俄两国保持良好的关系，他父亲被迫退位显示出 20 世纪中叶西方国家强大的影响力。年轻的继承人接受了在众多西方国家夹缝中求生的新角色，他意识到与同盟国保持良好关系的重要性，因为如果不这么做，他的下场将与其父一样。

1943 年，苏联、英国、美国这"三巨头"的首次会议在德黑兰[1]召开，目的是制定战后世界新秩序的草案。虽然从官方上讲，伊朗沙王是这次会议的承办人，但实际上，他只不过是一个观众，这一现实让这位年轻的沙王意识到自己的国家只是一个无

---

[1] 德黑兰会议是第二次世界大战期间苏、美、英三国首脑于 1943 年 11 月 28 日至 12 月 1 日在伊朗首都德黑兰举行的会议。会议发表了《德黑兰宣言》，宣言宣布就消灭德军的计划，三国达成了协议，并将协力在战后创造和平。

足轻重的小角色，德黑兰也只不过是一个方便会面的地点而已。这件事在伊朗沙王的心中埋下了种子，他立志要恢复国家往日的辉煌。

战后，伊朗一直处在西方国家的阴影下，一场强大的民族主义运动的出现使伊朗更为独立。这场运动的领导核心是伊朗左翼的人民党（Tudeh Party）[1]，除此之外还有其他民族主义与反君主势力参与。这些势力由资深政治家穆罕默德·摩萨台（Mohammad Mossadeq）组织在一起，成立了民族阵线（National Front）[2]。该组织要求将盎格鲁—波斯石油公司国有化，并要求伊朗从英国和其他西方列强手中争取更大的独立。在这种情形下，暴力事件开始增多，总理拉兹马拉（Haj Ali Razmara）被暗杀，沙王以任命摩萨台为首相来安抚民族主义者的情绪。摩萨台政府的核心政策是控制国家石油生产，因此，盎格鲁—波斯石油公司完成了国有化，并被伊朗国家石油公司取代。英国开始破坏伊朗的外交环境及其石油贸易出口，这一政策起初让伊朗经济遭受了很大打击。此后，伊朗政坛再次开始动荡，因此沙王不得不撤去摩萨台首相一职，重新任命一位右派人士，摩萨台无奈离开伊朗。1953年，摩萨台重新回到伊朗，

---

[1] 伊朗人民党成立于1941年9月20日。1941年9月伊朗共产党成员拉蒂马什等在苏联的支持下重建党组织，定名为人民党。

[2] 伊朗政党，成立于1949年。

这次他获得了军队的支持，但不久后因叛国指控被捕；新的政府团队开始软化伊朗的立场，英国从中获利，因此沙王取得了一段时期内经济上的成功。

然而，与此同时，沙王仍继续着他渴望恢复古波斯及雅利安人荣耀的梦想，他认为想要实现这一目标，就需要进一步发展经济。1970 年，他成立国家复兴党（Rastakhiz, the National Resurrection Party），该党主要目标就是复兴伊朗。实际上，复兴党只是不断地赞扬与拥护沙王的政策。与此同时，在"冷战"时期，沙王保持了与西方亲近的关系，并得到美国的军事援助得以建立一支强大的军队。

20 世纪 60 年代，恢复国家往日荣光的梦想占据了沙王的全部心思，经济发展的需求则被忽略了。沙王强调波斯历史的延续性，甚至试图去寻找巴列维王朝与阿契美尼德王朝之间的关系。为了宣扬高涨的民族自豪感，他决定举办一次盛大的庆典来庆祝居鲁士大帝建立波斯帝国 2500 周年。这个日子选在了 1971 年，虽然看起来十分武断，但庆典最终还是按计划进行。沙王的这一决定是为了向伊朗民众与全世界展现国家的伟大历史遗产，并彰显巴列维王朝在保护历史遗产中扮演的角色。沙王为他的国家制定的核心政策就是复兴。

在德黑兰，政府工作人员进行着精心的准备，包括在城中各处放置古波斯主题的浮雕。其中最重要的准备工作是修建一座巨大的带有拱门的塔作为纪念。这座塔被称为"沙亚德塔"（Shahyad

Tower），意思是"沙王纪念塔"。纪念塔内部是关于伊朗历史的展览。这座建筑建在通往市中心的大道尽头，这个特殊的地方成为帝国的象征及重要地标。

这场庆典最重要的部分被安排在古代波斯帝国的首都波斯波利斯举行。尽管这座城市一直被淹没在黄沙之中，直到19世纪才重现于世，但波斯波利斯这个名字一直以来都是权力的象征。在马洛创作的戏剧中，帖木儿宣称，他的终极愿望就是与亚历山大一样夺取波斯波利斯，这让人再次回忆起这座城市的辉煌。

当然，帕萨尔加德在这场庆典中也扮演了重要角色，居鲁士大帝的陵墓依然孤独地伫立在波斯波利斯北边的平原之上。在这里，

图44　位于德黑兰的沙亚德塔，现称阿扎迪塔

沙王向世人宣读他的信念：

> 在 2500 年之后的今天，就像在光辉时代中一样，伊朗的国旗随风飘扬；今天，就像在光辉时代中一样，伊朗的名字令人敬仰；今天，就像在光辉时代中一样，伊朗在一个动荡的世界中秉承着自由与爱的信仰，是人类最崇高理想的捍卫者。尽管在历史发展进程中历经狂风骤雨，但是圣火在 2500 年中从未熄灭。今天，圣火的光芒比以往任何时候都更加明亮地照耀伊朗大地，伊朗的光辉早已传遍各地，超越国境。[6]

在演讲中，沙王在结尾中说道："哦，居鲁士，安息吧，因为我们已经苏醒。"通过使用"凯旋""敬佩""理想""自由"等字眼，沙王将现代伊朗与居鲁士大帝及阿契美尼德帝国的成就联系在一起，他明确地宣称，要复兴这个失落已久的伟大帝国，要让伊朗与世界列强并列。

无法否认的是，1971 年夏天，波斯波利斯举行了一场非常伟大的盛典。这座废墟再一次成为世界瞩目的焦点。许多国家首脑受邀参加，在大使与高级官员陪同下观摩了这场盛典。为了接待贵宾，沙王在波斯波利斯周边树立起巨大的帐篷，并在其中举行宴会，这也是典礼的主要内容。沙王在这里为贵宾们准备了丰盛的佳肴：

> 巨型吊灯悬挂在由真丝装饰的顶上，闪亮的灯光下，来自世界各国的皇室成员、政府官员共计六百多人，在这里参加了一场耗时五个小时的宴会……来自巴黎马克西姆餐厅的主厨马克斯·布洛埃为客人们精心准备了美味佳肴，其中包括塞满里海黄金鱼子酱的鸽子蛋、松露羊羔肉、鹅肝酱配孔雀肉……还有两万五千瓶美酒。[7]

如果酒的数量无误，那就意味着每个客人会分配到 40 瓶酒。这些食物中唯一来自伊朗的就是里海的黄金鱼子酱。所以有人开玩笑地说："如果我们有如此伟大的 2500 年文明，为什么几乎所有的食物都来自法国呢？"重要的是，法国总统蓬皮杜并没有参加此次庆典，此外，包括伊丽莎白女王在内的多国元首也都没有参加。

在庆典过程中，沙王更多强调的是居鲁士而非波斯波利斯的实际建造者大流士，而且他还宣布伊朗将更改历法，历法元年改为居鲁士登基的那一年。记录居鲁士丰功伟绩的《居鲁士文书》成为这场浮夸盛典的标志之一。

宴会结束后，身着古代米底与波斯军服的士兵来到波斯波利斯废墟，伊朗历史的延续性是此次盛典的潜在主题——探寻今天伊朗与遥远过去之间的联系。庆典设计所要传达的感觉是"曾经亚洲霸主的幻影正在往日光辉的舞台上重现"。[8]但对迈克尔·阿克斯沃西（Michael Axworthy）来说，这一切不过是一个自大狂的狂欢。[9]庆典最浮夸之处堪比好莱坞电影，这场活动的官方纪录片解说嘉宾是奥尔森·威尔斯（Orson Welles）[1]，他认为这场庆典是"波斯的游行"。最重要的是，在纪录片中，这个国家被再次称为波斯，而不是伊朗。旧的称呼似乎更容易建立起现在与过去的联系。

图45　帕萨尔加德：身着古代军服的伊朗军队在各国政要面前列队，波斯帝国建立2500周年庆典

---

[1] 奥尔森·威尔斯（1915—1985年），生于威斯康星，逝世于洛杉矶，美国演员、导演、编剧、制片人。代表作有《公民凯恩》《第三人》《历劫佳人》等。

　　沙王发表的另一场演讲，用保罗·克里瓦切克的话来说，就是"在他祖先的阴影下"的讲话。在这场演讲中，沙王再次强调了古代阿契美尼德帝国的延续性及波斯的重生。他再一次召唤了居鲁士，"居鲁士，伟大的国王，万王之王"，并且再次强调了他的承诺"哦，居鲁士，安息吧，因为我们已经苏醒"。[10]

　　到这时，沙王已经完全沉醉于自己的计划中，他更关心的是如何将自己的王朝与过去联系在一起，而不是如何为民众谋福利。但是，这样的盛况并不能挽救巴列维王朝。事实上，这场盛况不但没有将巴列维王朝置于遮羞布之下，反而增加了民众对沙王的不满情

图46　沙王在波斯波利斯古代遗址登基

绪。这场夏日的狂欢掏空了国库，进一步削弱了伊朗的经济实力，沙王与民众的关系陷入了前所未有的紧张状态。[11]

与此同时，伊朗并没有表现出沙王所描绘的往日荣光景象。为了能够达到目的，他希望赋予马基利斯（Majlis）——也就是议会更多的权力，并发起多项改革。但国家的状况并没有因此而改变，事实证明，20世纪70年代的巴列维政权与民众之间的关系越来越糟。在1943年时，沙王至少能够感觉到自己是德黑兰会议的主持者，与"三巨头"是平起平坐的，但到了70年代，伊朗实际上更依赖美国的支持。对美国来说，伊朗是对抗苏联重要的缓冲地带，因此伊朗国内局势必须要稳定。

躁动不安的情绪在伊朗国内开始蔓延，局势已经不再稳定，越来越多的困难导致了伊斯兰教的复兴。巴列维王朝时期，伊斯兰教被两位沙王边缘化，它在沙王伟大的计划中并没有扮演什么角色。什叶派的穆哈兰月纪念活动及其他宗教活动都被礼萨·沙下令禁止。但在1978年的穆哈兰月初，爆发了反抗沙王政权的暴力示威活动。11月12日，也就是阿舒拉日当天，德黑兰爆发了大规模抗议示威，这场示威活动愈演愈烈直至沙王也无法控制。1979年1月，伊朗完全陷入混乱，穆罕默德·礼萨·巴列维被迫流亡，他的王朝——自称是2500年伟大文明的继承者——被推翻了。

从很多方面来讲，沙王试图复兴一个逝去已久的帝国，不过是源自古代王朝传统帝国主义最后一次虚张声势的喘息罢了。具有讽刺意味的是，从 1943 年的德黑兰会议就可以预见到 20 世纪的权力现实状况。尽管这次会议是在伊朗首都举行，但沙王几乎全程都被忽略。后来沙王在世界各国面前所展现的伟大，不过是幻象而已，很多方面甚至尴尬到可笑。在掌权半个多世纪后，巴列维政权就被将伊朗重新带回伊斯兰统治的政权所取代了，这个政权开始尝试用截然不同的方式重建伊朗。

第14章

从沙亚德到阿扎迪：伊斯兰共和国与古代遗产

末代沙王在 1979 年 1 月被迫离开伊朗，官方说法是长期休假，但此后他再也没有回到伊朗——仅仅半年后，他就因为肺炎在埃及去世。因为颠覆活动遭沙王驱逐的阿亚图拉·霍梅尼（Ayatollah Khomeini）在 1980 年 2 月 1 日乘机从巴黎飞回伊朗。

霍梅尼如同救世主一般回归，甚至有人高呼"伊玛目阿马德"，"伊玛目回归了"。他立即就成了这个国家毫无疑问的统治者。军队从沙王那边倒戈，转而拥护这个新的政权，全国各地都建立了革命机构。什叶派穆斯林掌握了国家权力，建立了一个由宗教人士组成的革命委员会。圣城库姆[1]作为长期以来反对伊朗沙王统治的中心，取代了世俗德黑兰的地位。在沙王政权中扮演重要角色的反教权主义迅速消失，伊斯兰教与伊斯兰观念顺利回归。3 月，伊朗举行了一次全民公投，这次公投的主题是以何种形式取代沙王政府，最终，97% 的人投票赞成建立一个伊斯兰共和国。

10 月，伊斯兰共和国开始起草新的宪法，核心思想是公民与宗教机构的"双重管理"。马基利斯（议会）通过普选产生，宪法监护委员会则由宗教人士组成，是一个指定的机构。总统由民众选举产生，还有一个具有实权的角色是"最高领袖"，霍

---

[1] 伊朗中部城市，位于今伊朗首都德黑兰以南约 150 公里处库姆河畔，紧靠卡维尔沙漠。

梅尼就是第一任"最高领袖"。霍梅尼在国内拥有最高权力，可以在总统与议会之上行使最终权力。此外，他还建立法基赫制度（Vilayat-e Faqih）[1]——法律捍卫者，这使他成为国家的道德监管者。在阿亚图拉掌权期间，还成立了"利益委员会"，这个机构也被称作"伊朗确定国家利益委员会"[2]，委员会成员由霍梅尼任命，国家一切重大决定都要在这个委员会内讨论与批准。

1980 年 1 月，社会学家阿布哈桑·巴尼萨德尔（Abol-Hassan Bani-Sadr）[3]被选为第一任伊朗伊斯兰共和国总统。新政府随即开始了关于社会基础的变革，这涉及民众生活每一个领域。包括伊斯兰化衣着在内的种种规定开始实行，民法法庭也由宗教人

[1]　1979 年伊斯兰革命后，伊朗在最高领袖霍梅尼的倡导下建立了政教合一的神权统治国家。法基赫制度，作为伊朗伊斯兰共和制政体的核心，在将伊斯兰教什叶派政治化的实践中，也让伊朗政治呈现出鲜明的伊斯兰性。通过宪法，法基赫制度得以正式确认。

[2]　伊朗确定国家利益委员会，是直接服务于伊朗最高领袖的重要国家机构。主要职能包括：调解伊朗伊斯兰议会和伊朗宪法监护委员会之间的分歧；为制定国家大政方针、解决国家遭遇的困难以及就最高领袖提出的有关问题提供咨询意见；在新旧最高领袖交接期间进行监督。由于确定国家利益委员会成员直接受最高领袖的领导和任命，作为最高领袖的顾问，该机构的实际权力非常大。

[3]　生于伊朗西部的阿马丹。20 世纪 50 年代初期参加前首相摩萨台组织的民族阵线，投身于石油国有化运动，为该阵线左翼领导人之一。1953 年摩萨台被捕后，入德黑兰大学神学系。20 世纪 60 年代初加入霍梅尼等发动的反沙王斗争。曾两次被捕入狱。1963 年流亡法国。1980 年 1 月当选为伊朗第一任总统，1981 年 6 月，霍梅尼先后解除和罢免其武装部队总司令和总统的职务，并受到通缉。

士控制。他们开始着手将沙里亚法带回伊朗，并在全国范围内执行。政府严格控制国民经济，曾经具有巨大影响力的外国人被驱逐出境。石油工业再一次被国家控制，实行严格的国有化政策，新成立的伊朗国家石油公司控制了一切石油产品。这个新的共和国变成了一个被严格控制的神权国家，各种权力都集中在一个人手中。在不到一年的时间内，孱弱的沙王完全被强硬的霍梅尼取代了。

然而，在霍梅尼掌权之初就出现了关于领导权归属的严重分歧，很多人反对霍梅尼。其中，反抗最强烈的是人民圣战者组织（Mojahedin-e-Khalq）[1]，他们早在沙王统治时期就开始了游击运动。这是一个伊斯兰组织，奉行马克思主义，很多年轻人与学生都支持这个组织。该组织的目标是建立一个基于意识形态基础上的国家，而不是现在这种被教职人员操纵的国家。霍梅尼十分厌恶人民圣战者组织及其支持者，在革命初期，双方的冲突导致了很多暴力事件发生。左翼总统巴尼萨德尔曾是人民党成员，该党与人民圣战者组织关系密切，随着人民圣战者组织被霍梅尼打压，巴尼萨德尔被迫

---

[1]　"人民圣战者组织"成立于1965年，前身是"伊朗人民战士组织"。成立之初，该组织主要由一些反对沙王的下级军官和士兵组成，是巴列维统治时期伊朗最大的反政府组织，在推翻巴列维政权的过程中发挥了重要作用。1997年，美国以杀害6名美国人为由把该组织列为恐怖组织。该组织于2003年6月解除武装，阿什拉夫营地亦置于美军直接控制之下。

逃离伊朗。1981 年，阿里·哈梅内伊（Ali Khamenei）[1] 当选总统，总理由米尔·侯赛因·穆萨维（Mir Hossein Mousavi）[2] 担任。在议会影响力很大的阿里·阿克巴·哈希米·拉夫桑贾尼（Ali Akbar Hashemi-Rafsanjani）[3] 后来接替哈梅内伊成为总统。

这一切，连同霍梅尼本人高于众人的权力一起，为 20 世纪八九十年代的伊朗带来了权力的平衡。霍梅尼将伊斯兰教看作代替已经发展到末期的马克思主义的宗教意识形态。在这种背景下，哈梅内伊越来越被看作保守派，穆萨维是激进派，拉夫桑贾尼则属于温和派。但是，帕特里克·克劳森（Patrick Clawson）及迈克尔·鲁宾（Michael Rubin）在著作《永恒的伊朗》（*Eternal Iran*，2005）中指出，这样的分类未免过于简单；他们将哈梅内

---

[1]　阿亚图拉·赛义德·阿里·哈梅内伊，阿塞拜疆族。哈梅内伊是伊朗革命的关键人物之一，曾于 1981 年当选伊朗总统，也是首位出任该职的神职人员。先后任革命委员会成员、国防部副部长、革命卫队司令、德黑兰教长、伊斯兰议会议员和霍梅尼在最高国防委员会代表等职。1985—1989 年任总统。曾任最高国防委员会主席和文化革命最高委员会主席。1989 年 6 月 4 日被负责选择伊朗最高领导人的专家会议选举为新领袖，接替去世的宗教领袖霍梅尼。1994 年 12 月成为伊斯兰教什叶派 8000 万教徒的精神领袖。

[2]　1941 年 9 月 29 日出生于伊朗西北部的东阿塞拜疆省，是伊朗著名的政治家、艺术家和建筑师，曾获得伊朗贝赫什提大学建筑学硕士学位。伊朗确定国家利益委员会成员，同时也是伊朗艺术院院长，还是伊朗政坛改革派的重要人物。穆萨维曾于1981—1989 年出任伊朗总理。

[3]　伊朗政治家，1956 年后，追随霍梅尼从事伊斯兰革命，伊斯兰革命的核心人物，晚年成为国内温和改革派的领军人物。1989 年和 1993 年先后两次当选伊朗总统，后担任伊朗专家会议主席。

伊与穆萨维归为强硬派，是"实用主义者"，而拉夫桑贾尼则显得相对中庸。[1]

虽然这些主要的领导人基本认同革命的核心内容，但他们对伊朗伊斯兰时期与前伊斯兰时期的历史则持有不同态度。本书也许更适合使用一般的分类，将他们划分为"强硬"与——至少是相对来讲的——"自由"派，他们对历史的态度，尤其是对伊朗前伊斯兰时期历史的态度，决定了前伊斯兰历史研究的深入程度。与伊斯兰世界其他地方相比，伊朗虽然拥有独特的历史与宗教，但是，考虑到伊斯兰教的特殊地位及社会经济的重要性，考古与历史研究并不是这个国家优先发展的事情。

当一场革命爆发后，新的政权在传播新的思想与意识形态时，过去的思想与意识形态往往被忽视，有时甚至会被认定为邪恶的思想。在这种情况下，当前仍然存在的过去的符号都需要被抹除。比如，法国波旁王朝与俄国罗曼诺夫王朝被暴力革命推翻后，上述过程被当作扫除历史遗留的垃圾。

但是，与欧洲政权更迭的后续发展相比，伊朗巴列维王朝被推翻后的发展过程则与众不同。新政权的意识形态并不是一种从未实行过的意识形态，而是一个已经存在超过千年的古老宗教。与扫除旧思想不同，在这里发生的是一个旧思想替代了另外一个旧思想。类似于巴列维王朝利用阿契美尼德王朝来为自己的统治提供正当性，伊斯兰的历史成为这个新政权统治的依据。沙王回望居鲁士，霍梅尼则将目光投向先知穆罕默德。虽然这种做法产生了一些不同的东西，但本质上都是打着伊朗烙印的。

伊斯兰教什叶派传统自正统哈里发最后的统治时期，就已经深植于伊朗。什叶派信仰的基础是坚信哈里发的合法性来自先知血统的延续，这实际上是一种王朝性质的继承。这一合法性来源被翻译成先知的"家族"或"部落"。什叶派坚信只有这样的成员才有权成为伊斯兰的统治者，也就是成为继承人或哈里发。从一开始，什叶派就认为倭马亚阿巴斯的哈里发政权缺乏统治的正当性。什叶派的宗教仪式主要是为了纪念先知的外孙侯赛因的殉道——什叶派认为侯赛因才是最后一个正统的哈里发——这个日子在神圣的穆哈兰月。穆哈兰月的第十天就是阿舒拉日，侯赛因就是在这一天被倭马亚人杀害的。

什叶派信仰已经存在了很长时间，从哈里发征服波斯，到后来突厥人、蒙古人入侵。波斯萨法维王朝重新为这个国家赢得独立，并在 1501 年将伊斯兰教什叶派定为官方宗教。因此，萨法维王朝被伊斯兰共和国视为榜样。振兴什叶派运动的领导人是穆吉塔巴·米尔拉维（Mujtaba Mirlawhi），他在 1945 年成立了"Fida'iyan-i Islam"——伊斯兰敢死队。他强调萨法维王朝的重要性，并享有

图 47　革命卫队造访波斯波利斯，2000 年

"Navvah–i Safavi" 的称号，即"萨法维之仆"。

　　从这个角度来看，可以将伊斯兰教什叶派视为一个国家或民族主义现象，这一点也能从它对资本主义与西方帝国主义的态度中略知一二。什叶派宣扬的"隐遁的伊玛目"将重新回到人间，并开启真正的伊斯兰政府时代（详见第 10 章）。霍梅尼将这个概念进一步延伸，甚至有很多支持者将他视为伊玛目。他所设想的伊斯兰政府是严格地以《古兰经》教导作为基础，因此对《古兰经》的正确解读至关重要。这解释了霍梅尼为何如此看重法基赫制度。作为伊斯兰法的解读者，霍梅尼使伊斯兰教能够适应现代世界并传递社会信息。通过这种方式，伊斯兰教什叶派成为一种意识形态。在这件事上，霍梅尼曾经的导师阿里·沙里亚提（Ali Shariati）一直认为伊斯兰教——而不是共产主义——才是对罪恶资本主义的回应。沙里亚提进一步声称伊斯兰教已经被教职人员曲解成教条，但它实际上是一套意识形态。他的观点与"第三世界"概念联系在一起用来对抗西方，尤其是对抗美国，在这种观点中，美国被称为"大撒旦"。20 世纪 70 年代，当共产主义意识形态逐渐衰弱时，伊斯兰教什叶派继续向这个方向前进。当霍梅尼在 80 年代将国家与宗教融合在一起时，伊朗的无产阶级者发现这一宗教比社会主义或共产主义更吸引人，伊斯兰教没有遇到任何阻力就承担起了这一意识形态角色。

与抛弃过去历史传统的革命方式不同，伊斯兰共和国在伊斯兰历史基础上建立了新的伊朗。他们将目光投向萨法维王朝，但是并没有将其视为什叶派的创造者，而是将它看作过去伊斯兰与现在伊斯兰之间的桥梁。由于 20 世纪 80 年代早期对伊斯兰的强调，前伊斯兰时代，尤其是阿契美尼德时期的历史，原本可能遭到与波旁王朝、罗曼诺夫王朝相同的下场：被谴责，然后被当作不相关的古老东西被遗忘；但是，这样的事情完全没有在这个新伊朗发生，从一开始，古代帝国就被视为一种荣耀。

情况在最初并非如此，原因是波斯波利斯及其周边的考古研究等工作都处于停滞状态。这个新的什叶派政权将萨法维王朝当作自己的祖先，因此古代文明并没有受到他们的重视。从 1979 年开始，在波斯波利斯举行过盛大庆典的各种痕迹迅速消失，曾被称为"金衣之地"（Field of the Cloth of Gold）的这片地区快速地消失在黄沙之中。这种情势一直延续到 20 世纪 80 年代。虽然什叶派政权不关注这个古代帝国的中心，但他们并没有像亚历山大一样大肆破坏。琐罗亚斯德教时期雕刻的那些石像也没有遭到破坏。在伊斯兰共和国成立初期，来到波斯波利斯与帕萨尔加德参观的人数很少；新政权的领导们对这些遗址并无亵渎之意，只是将它们遗忘在沙海之中。19 世纪时考古学家曾将这些遗址发掘出来，但现在它们看起来似乎又要回到沙漠之中了。当时的状况只能说明新政权更加注重伊斯兰的遗产，并不能说是故意忽略或破坏前伊斯兰时期的历史。

帕尔斯作为伊朗发源地，对伊朗人来讲有特殊的意义，因此关于这个地区的历史研究一直以来都享有特殊的地位。阿契美尼德帝国是从帕尔斯逐渐发展起来的，所以这一地区是伊朗的核心。20世纪 80 年代，帕尔斯学术基金会成立，标志着新政权对这段历史的认可。这个基金会以历史与考古研究为主，与设拉子大学联系密切。这个基金会的主要工作是进行考古发掘，并发表了很多研究论文。因为基金会的研究工作必须要得到德黑兰方面的批准，所以从这件事中可以看出新政权在建立之初是如何对待古波斯历史的。

帕尔斯研究基金会曾经出版过一本关于帕尔斯的书，作者是库罗什伊·萨尔维斯塔尼，书中提到一个自称雅利安人的族群从中亚向南迁徙到帕尔斯。[2] 他们说的各种方言其实都是一种语言。他们将自己的土地称为"Arya Waich"——雅利安人的国家；他们的被语言称为"E'ran shatra"，后来演变成了"Iran Shahr"。居鲁士二世，阿契美尼德帝国的建立者，被称为"居鲁士大帝"，在这本书中，作者写到"（居鲁士）以他卓越的能力建立了当时最伟大的帝国"，他"被历史学家们认为是一位睿智而又令人满意的国王，被伟大的学者们称为'Zolqarnein'（两个世纪的掌权人）"。用这个词是为了表现出居鲁士的影响力，他在位仅三十余年，但影响力实际上贯穿了整个阿契美尼德王朝。

萨尔维斯塔尼在书中更加详细地描写了前伊斯兰时代的琐罗亚斯德教。书中将琐罗亚斯德教描述为一个一神教，崇拜"一个叫作奥洛马泽斯的无可匹敌的神"。这本书还谈到阿契美尼德王朝灭亡后，帕尔斯成为唯一一处保留了"琐罗亚斯德教及圣书"的地方。萨珊王朝的建立者阿尔达希尔一世之后在帕尔斯及全国各地复兴了这个宗教。这一切都表明了官方对于这个前伊斯兰时期宗教的积极态度，甚至有些亲切。在伊斯兰共和国，琐罗亚斯德教的崇拜是被允许的，并且受到国家的保护。

萨尔维斯塔尼继续讨论伊斯兰时期的帕尔斯，他写到，"帕尔斯人一直与先知站在一起"，他还讲述了第一个去寻找先知的伊朗人是萨尔曼伊·法尔西（Salman-e Farsi），据说先知称他为"我们家的人"。在《法尔斯之书》（*Fars-nama*）中，伊本·巴尔赫伊（Ibn Balkhi）写到帕尔斯人曾经被称作"Ahrar-ol-Fars"，意为"法尔斯的自由人"。按照巴尔赫伊的说法，先知曾经说过："真主曾在人们之间选择了两群人，一群是阿拉伯的古莱什人（Qoreish），一群是阿加姆的帕尔斯人。"[3]这一切将帕尔斯人在伊斯兰教中的地位提高到了一个特别的位置。实际上，帕尔斯这个地方也被人们看作伊朗的汉志（Hejaz）[1]，也就是伊斯兰教在这个国家最初扎根的地方。

当伊斯兰共和国的政权稳定之后，帕尔斯已经拥有了独一无二的历史角色。帕尔斯地区既是阿契美尼德帝国的发源地，又是伊斯兰教在伊朗的起源地。圣地"总是能得到先知的追随者及什叶派伊斯兰教徒的尊敬"。按照萨尔维斯塔尼的说法，"帕尔斯是守护和发展伊朗革命崇高价值的先锋"。[4]20世纪90年代，伊斯兰共和国以这样的方式，在地理上将帕尔斯的古代世界与现代世界联系在一起，伊朗人认为，帕尔斯自古以来就是伊朗的核心地带。

非伊朗学者们同样强调伊朗给伊斯兰教带来了独特的影响。伊

---

[1] 汉志，中文又译希贾兹，是沙特阿拉伯王国西部沿海地区三个行省（塔布克省、麦地那省和麦加省）的合称。汉志地区是伊斯兰教和早期伊斯兰文化的发祥地，境内有麦加和麦地那两座伊斯兰圣城。麦地那城内有先知穆罕默德陵墓，城外还有传说中哈娃（夏娃）的墓冢。

斯兰学者帕特里西亚·克罗尼（Patricia Crone）研究了波斯先知在早期伊斯兰教中所发挥的重要作用，以及他们是如何影响新宗教在这个国家的发展进程。他的研究著作于 2012 年在伊朗出版后深受读者喜爱。

虽然帕尔斯的特殊地位得到了伊斯兰共和国的明确认可，但新政权对阿契美尼德王朝的态度则摇摆不定。其中至少有一部分原因在于新政权对巴列维政权的否定。最初，新的领导者对这些古代统治者们保持着谨慎的态度，只将什叶派的萨法维王朝看作他们真正的前身。

在担任伊朗伊斯兰共和国最高领袖期间，霍梅尼有一次来到波斯波利斯，根据自己的感受，他写道：

> 当我来到这里……我见证了两种截然不同的贡献：一是艺术性、高雅、无与伦比的技术……即使已经废弃了千年之久，但依然是人类的奇迹。另一方面，就是这些一直展现出的剥削与暴力……是个人残酷性的体现……一个人成为统治者。这是被剥削者黑暗而苦涩的历史……我们必须要将这些遗迹当作宝贵的财富，从这里我们可以看到历史与人性，能看到伊朗及伊朗人与波斯波利斯的故事。我们必须要保护这些遗迹。[5]

霍梅尼此次到访及其对所见所闻的反应，不仅表明了波斯波利斯的重要性，也体现出帕尔斯作为一个整体的重要性。国家在帕尔斯建省，最能体现这里的独特性。在帕尔斯，伊朗的阿契美尼德起源与伊斯兰教什叶派的现实性结合在一起。林德赛·艾伦（Lindsey Allen）认为霍梅尼对波斯波利斯的造访说明"遗址所体现的国家荣耀唤起了国家君主制的传统。"[6]霍梅尼的继任者们所寻求的延续性毫无疑问具有"君主制"色彩。伊斯兰化的波斯已经转变成波斯化的伊斯兰，伊朗（波斯）的遗产成为这种个性的核心，几个世纪以来，这种特点让这个国家与其他伊斯兰国家截然不同。研究伊斯兰的学者拉伦斯·保罗·艾尔维尔萨顿曾说："伊朗从未在精神世界中被征服过，直到最后，它总是将征服者吸收到伊朗自身的整体意识中。"[7]居鲁士、沙·阿巴斯、穆罕默德·礼萨·巴列维、阿亚图拉·霍梅尼及其他统治者每个人都有不同的信仰和期待，但是他们最终对自己在这个国家中扮演的角色怀揣着共同的坚定信念。对迈克尔·阿克斯沃西来说，伊朗是一个基于"帝国思维"而形成的国家。也许正是这种思想的延续性，从根本上使伊朗成为世界历史上持续时间最长的帝国主义国家。

在德黑兰的交通要道上，伫立着一座白色石头建立的凯旋门，这是末代沙王为1971年的盛典而建造的沙亚德塔，也是通往首都雄伟的大门。在其刚落成时，官方将其命名为"沙亚德"，意思是来自沙王的礼物。沙亚德塔内部则是关于君主及其历史的展览。距离揭幕不到十年，君主制被推翻，取而代之的是伊斯兰共和国。但是，这座建筑并没有被当作不受欢迎的前朝遗物，而是被重新利用。在伊斯兰共和国，它被赋予了不同的角色，并且有了一个新名字——"阿扎迪塔"，也就是"自由塔"的意思。该塔依然是通往德黑兰令人印象深刻的大门，曾经是古老帝国的象征，如今却变成了伊斯兰共和国的标志。

　　无论是"沙亚德"还是"阿扎迪"，都不是这个大门最合适的名称，但这座石头建成的巨大地标所体现出的统一性代表了这个国家数千年来的延续性，这种延续性早已超越了该国历史上不同时期的政权。

图 48　1979 年伊朗革命，背景中的沙亚德塔从此改名为阿扎迪塔

第15章

在翻译中迷失？

几个世纪以来，波斯人与欧洲人之间的文化交流是零星而有限的。出现这种情况的主要原因是随着罗马帝国向西扩张，欧洲更多地受到希腊与罗马文化的影响。还有一部分原因是基督徒与伊斯兰教徒之间互相敌视，"东方是东方，西方是西方"的观念开始出现。

尽管彼此的交流不多，但是从 18 世纪以来，欧洲人还是主导了波斯文化的探索与传播。威廉·琼斯爵士（Sir William Jones，1746 — 1794 年）是加尔各答（Calcutta）高级法院的一名法官，因为波斯语在莫卧儿帝国晚期非常流行，所以他掌握了这门语言。他还学习了梵文（Sanskrit），这是一种古代语言，主要应用于宗教与早期写本中。通过对这些语言的学习，他开始意识到，欧洲很多语言与远在印度北部的语言有很多相似之处，甚至是同属一个语系，这个语系就是人们很快就会知道的印欧语系（Indo-European）或雅利安语系（Aryan）。[1]琼斯还将一些波斯文本翻译成英文，例如哈菲兹的诗歌。与琼斯的贡献相比，法国人杜伯龙在哲学领域的发现也非常重要。杜伯龙与琼斯是同时代人，他也学习了波斯语与梵语。保罗·克里瓦切克（Paul Kriwaczek）在《寻找查拉图斯特拉》一书中，记录了二人的学术论战，某种程度上甚至可以说他们是互相敌对的。[2]

相似的是，在波斯考古领域，欧洲人也占据了主导地位。乔治·弗里德里希·格罗特芬德（Georg Friedrich Grotefend）以及亨利·劳林森爵士（Sir Henry Rawlinson）记录并解读了波斯波利斯、帕萨尔加德及贝希斯敦等地发现的楔形文字。此外还有很多旅行者——其中一些是外交人员或欧洲政府的雇员——做了许多有价值的工作，比如记录并绘出那些他们参观的遗址，其中的代表人物是约翰·柯蒂斯（John Curtis）[3]。他们的工作为之后的伊朗考古调查与研究奠定了基础，出现了像阿里·萨米（Ali Sami）及阿里·哈基米（Ali Hakemi）这样的人物。

如果将学术著作放在一旁，西方人对伊朗的了解将十分有限，并且，是细碎且片面的，无深度可言。很多作曲家都创作过波斯主题的音乐，比如舒曼创作了《天堂与妖精》（1843 年），科萨科夫（Rimsky-Korsakov）创作了《天方夜谭》（1888 年），施特劳斯创作了《查拉图斯特拉如是说》（1896 年）。莫扎特《魔笛》（1791 年）中的大祭司萨拉斯特罗（Sarastro）这个角色甚至能让人联想到琐罗亚斯德。

类似的状况也出现在文学领域。人们通过爱德华·菲兹杰拉德在 1859 年的英文翻译了解到欧玛尔·海亚姆的诗歌，虽然他的翻译并不完全准确，但却在西方大受欢迎。西方人也是通过马修·阿诺德的诗歌《索拉布与鲁斯塔姆》（1853 年）知道了《列王纪》中关于鲁斯塔姆的一些故事。还有其他英语作家，例如汤姆斯·摩尔

图 49　世界上最著名的手工制品之———阿尔德比勒的地毯，萨法维王朝时期，制作于 1539—1540 年

（Thomas Moore）、罗伯特·索西（Robert Southey）、威廉·贝克福德（William Beckford），他们也都对波斯及东方主题着迷，这也解释了波斯地毯、纺织品和服装在西方流行的原因，总之，这些东西都体现了异域风情及艳丽色彩，但却很难看出对波斯传统文化真正的喜爱。

大量伊斯兰入侵之前存在的文献可能都在外敌入侵过程中丢失了，比如亚历山大及蒙古人的入侵。而琐罗亚斯德教的圣书《阿维斯塔》则是一个例外。尽管我们目前已经知道《阿维斯塔》最早的版本是萨珊时期的，但已经有研究表明，在前琐罗亚斯德时代就已存在口耳相传的神话故事。神祇、英雄及各种奇异的神兽大多出现在《阿维斯塔》的"雅什特"（Yasht）中。《阿维斯塔》之所以能够保存下来，还有一部分原因是其被一群逃离波斯的琐罗亚斯德教徒带到了东边的印度。这些教徒被安置在了古吉拉特（Gujarat）并被称为帕尔西人（Parsees）。

伊斯兰教征服波斯之后，波斯语虽然作为常用口语被保存下来，但在文本书写上则被阿拉伯文所取代。波斯文化的韧性在此发挥了重要作用，萨珊王朝时期，达奇奇（Daqiqi）、鲁达基（Rudaki）、菲尔多西等诗人复兴了波斯语。菲尔多西用押韵对句的形式完成了大作《列王纪》，为波斯语言与传统添光加彩。这部作品是波斯的史诗，至今仍被伊朗人视为珍宝。《列王纪》讲述了波斯历代帝王的历史与神话传说，有趣的是，其中一些人物与故事也出现在《阿维斯塔》中。其中一个例子是加尤马坦（Gayomartan），他是《阿维斯塔》中第一个神话人物，在《列王纪》中他的名字是科尤马尔斯（Keyumars）。同样，《阿维斯塔》中的伊玛（Yima）在《列王纪》中被称为"贾姆希德"（Jamshid），他是波斯神话中最著名的国王之一。在和谐平静局面下他的统治延续了三百年，最终因为过度自负而失去了神圣光辉（farr-iizadi）。这件事为恶灵（安格拉·曼尤或阿里曼）以扎哈克（Zazhak）的形式出现铺平了道路，扎哈克则将自己的灵魂卖给了恶魔。扎哈克战胜了贾姆希德，导致世界陷入混乱之中。这种国王因为过度骄傲与野心勃勃导致自己失去"神圣光辉"的故事主题，通过神话与传说变成了历史。在《列王纪》中，贾姆希德死后，图兰王国（the kingdom of Turan，被认为在中亚地区）和伊朗王国（被认为是中亚以西地区）发生战争，这就正如我们在历史中看到的一样，两者之间冲突频繁。

有一个家族三代人一直贯穿于这场神话故事的冲突中——分别是祖父萨姆（Sam）、父亲扎尔（Zal）及《列王纪》中最大的英雄人物鲁斯塔姆。鲁斯塔姆与其战马鲁克什（Ruksh）的英雄故事还包括穿越一片荒芜的大沙漠。在那里，他们与狮子、恶龙及各种各样的野兽战斗。其中一幕因为阿诺德的诗歌《索拉布与鲁斯塔姆》而被英语观众熟悉，在这段故事里，鲁斯塔姆被图兰王国的国王阿芙拉西亚卜（Afrasiyab）戏弄，因此与自己的儿子索拉布开战。战斗双方都不清楚对方的身份，直到鲁斯塔姆杀死索拉布的那一刻，他才意识到亲手杀死了自己的儿子，这个故事一直在波斯艺术与口耳相传的传统中流传。

在《列王纪》中，读者能够清楚地认出来自其他神话中熟悉的母题。鲁斯塔姆的探险让我们联想到赫拉克勒斯（Hercules）与奥德修斯（Odysseus）这样的英雄人物。还有一个广为人知的故事：某个出身高贵的婴儿被父母遗弃，后来被动物或一位农夫抚养长大，经过一番奋斗最终回归到自己本来的位置。扎尔，也就是鲁斯塔姆的父亲，被神鸟斯穆鲁（Simurgh）抚养长大。另外，居鲁士也曾被抛弃，他被一只狗救下，后来被一个牧羊人收养。这让人想到罗慕路斯（Romulus）与雷姆斯（Remus）被狼养大的故事，或者是莎士比亚作品《冬天的故事》（*The Winter's Tale*）中的潘狄塔（Perdita），他也是被一位牧羊人所救。

类似的神话片段，基本上都来自远古时期口耳相传的传统，经过文学创作变成了传说故事，再后来就成了罗杰·史蒂文斯（Roger Stevens）所说的由传说、神话故事与史实杂糅在一起的"类历史"（para-history）。[4] 菲尔多西在他的作品中讲述了真实存在的萨珊国王的生活与爱情故事，比如库思老二世爱上了漂亮的谢琳（Shirin）。他们历经千辛万苦而最终有情人终成眷属的故事，也被诗人内扎米·甘贾维（Nizami Ganjavi）写入其作品《库思老与谢琳》（*Khusrow va Shirin*）（约 1180 年）中。亚历山大大帝在《列王纪》中被称作伊斯坎德尔（Iskander），在这部作品中他是一个充满矛盾的人物，一半是英雄的波斯王子，凭借"神圣光辉"享有统治的正当性，另一半则是恶魔般的破坏者。有趣的是，居鲁士大帝居然没有明确地出现在《列王纪》中，但在凯·库斯洛（Kay Khusrow）的故事中，菲尔多西提到了一位神话般的齐亚人国王（Kiyanian kings），这个角色与希罗多德笔下居鲁士的出生与死亡故事极为相似，也许这个情节暗示了他们是同一个人。

《列王纪》有很多版本，有的是散文形式，有的是诗歌形式，它们出现在波斯各地，但菲尔多西版本的《列王纪》是最受读者欢迎与喜爱的。甚至直到今日，到伊朗的旅行者都可以目睹这部文学作品在国家文化中的地位。BBC 电视台 1997 年起播出的由迈克尔·伍德（Michael Wood）主持的电视系列节目《亚历山大大帝》，为观众展示了职业说书人（Naqqal）如何表演《列王纪》中的情节。[5] 在 2014 年法努什·莫什利（Farnoosh Moshiri）出版的小说《鼓楼》（*The Drum Tower*）中，虽然故事背景被设定在伊斯兰革命时期，但其中充满了对神鸟斯穆鲁象征性的应用。[6]

诗歌传统在波斯与阿拉伯文化中拥有很高的地位。波斯诗歌与阿拉伯诗歌之间彼此学习对方的技巧，波斯诗人从公元 9—10

世纪之后就开始用波斯语进行创作，但又常常借用阿拉伯语的形式及韵律。比如菲尔多西使用的"玛斯纳维"（Masnavi）的形式。此外他们还发展了"卡西达"（Qasida）形式，这种形式通常被用来创作赞美诗，以称赞诗人们的赞助人哈里发。"加扎尔"（Ghazal）则是一种篇幅更短的格式，通常被用来表达爱，包括对神的爱以及人类之爱。这种形式在 13 —14 世纪初开始流行，这段时期通常被人们称为波斯诗歌的黄金时代，但令人惊讶的是，这也是蒙古人入侵的黑暗时期。在表达爱情的同时，像萨迪（Sadi，卒于 1282 年）、鲁米（Rumi，卒于 1273 年）及哈菲兹（Hafez，卒于 1389 年）这样的诗人，还将有关生命美丽却又脆弱的哲学沉思置于诗歌创作中。波斯诗歌在某些方面与日本的三行俳句有相似之处，加扎尔形式很难用其他语言创作，翻译者却常常使用具有异国情调的词汇过度诠释——例如红酒、玫瑰、夜莺等，这使诗歌中的哲学元素被大大削弱。另一种诗歌形式是鲁拜集（rubais），或者称为四行诗，这种形式在英文文学中十分著名，这主要得益于爱德华·菲兹杰拉德翻译的欧玛尔·海亚姆的《鲁拜集》在 19 世纪非常流行。虽然他的翻译不一定准确，但这本诗集的确让英语读者接触到了 12 世纪的波斯诗歌，而且同时还为波斯文化增添了华丽而又具备异域风情的色彩。这与《一千零一夜》（*The Thousand and One Nights*）被翻译成欧洲语言后所产生的影响是相同的。这本书是用阿拉伯语写成的故事集，故事的来源非常广泛，但主要以波斯和阿拉伯故事为主，也有来自印度的故事。关于这些故事的具体来源，人们无法给出准确的结论，但这部故事集的框架基本上可以确定是来自波斯。故事中的国王每天早上都要杀掉前一天与他完婚的妻子，直到他得到了大臣的女儿——聪明的谢赫拉扎德（Scheherazade），为了避免被杀，她每晚都会给国王讲一个故事，每到关键情节，她都故意打断，将故事结局留到第二天晚上。在阿拉伯文献中，有记载过一部早在公元 10 世纪时就已散佚的波斯语故事，它曾被翻译成阿拉伯语，书名是《哈扎尔·阿夫萨尼》（Hazar Afsaneh，一千个故事）。穆辛·马迪（Muhsin Mahdi）曾试图在《一千零一夜》（波斯语：Alf Layla wa-Layla）中重新建立已经散佚的故事原型。自 18 世纪早期出现了安东尼·加兰德（Antoine Galland）的法语版故事集后，各种版本的故事集就开始在欧洲流行。法语版之后出现的是英文版，其中最著名的是 19 世纪末期理查德·伯顿爵士（Sir Richard Burton）翻译的版本。这个版本中有很多大胆而又兼具异域风情的内容，所以只是私人出版物，以此避免因淫秽色情内容被举报。此后还陆续出版了大量版本，其中一些版本的目标读者是儿童。这些版本都是为了满足英国读者对所谓"东方"故事的饥渴需求，这些故事充满了异域情调、浮夸及脱离现实的特点。柯勒律治（Coleridge）曾提到这些故事深深地影响了他的童年生活；华兹华斯（Wordsworth）在《序曲》（*The Prelude*）中提到这些故事，狄更斯（Dickens）也在回忆他的悲惨童年时提到自己曾经渴望从这些故事中寻求慰藉。[7]

《一千零一夜》复杂的叙述技巧影响了来自世界各地很多现代作家，比如萨尔曼·鲁西迪（Salman Rushdie）、伊塔洛·卡尔维诺（Italo Calvino）、博尔赫斯、A.S.拜厄特（A. S. Byatt）以及安吉拉·卡特（Angela Carter），此外还有很多学术研究都曾分析这种无限循环与复杂叙事的文体。[8]令人遗憾的是，这些故事在今天只是以内容变化巨大的剧作或是电影而闻名于世，例如《辛巴达航海记》（*Sinbad the Sailor*）、《阿拉丁》（*Aladdin*）、《阿里巴巴和四十大盗》（*Ali Baba and the Forty Thieves*），这再次表明我们始终没有充分利用波斯文化的财富。

如果没有类似于对《列王纪》这种早期抄本进行书籍装订及插画设计，那么对于波斯文学的讨论是不完整的。早期的波斯艺术品本来能够保存下来，但由于连续不断的入侵，很多作品都散佚了。当然，在伊斯兰时期波斯插画家以及手抄本装帧人变得非常出名。他们后来被称作细密画家（miniaturists），我们在这里提到的细密画并非指的是作品的尺寸大小，而是指朱砂（red-lead pigment）这种颜料，它在拉丁文中写作"minium"。当我们谈到这些艺术家的时

图 50 扎尔在询问一名祭祀，来源于《列王纪》中塔马斯普沙王的故事，1530—1535 年

候，必须从广义的"波斯领土"理解"波斯"这个词，因为其中有很多人都是在阿拉伯帝国地方统治者的宫廷中工作，彼此之间距离很远。巴格达尤以艺术家而闻名，尽管这些艺术家中有相当一部分人是波斯人。很多艺术家还受雇于莫卧儿帝国的统治者，他们在莫卧儿王朝的宫廷内进行创作，艺术家们还将中国绘画风格融入细密画创作中，在原本就混合了印度、阿拉伯和波斯风格的艺术创作基础上又加入了中国元素。[9]

随着现代化的不断推进，特别是从 20 世纪早期开始，欧洲的思想与欧洲的文学形式，如小说，开始在波斯（伊朗）越来越受欢迎。虽然有一些作家欣然接受这一发展，但也有人对现代化持反对意见，认为这是"西方化"，是对传统文化与历史认同的威胁。贾拉尔·阿勒·阿赫麦德（Jalal Al-e Ahmad）在 1962 年出版的一本很有影响力的著作中表达了这种担忧，他将"西方化"称为"西方的毒药"，认为这是"一种来自外国的疾病，这种病毒会在接受它的环境中不断繁殖"。[10]

很多波斯作家都乐于学习与接受外国文化。萨迪克·赫达亚特（Sadeq Hedayat）在他的著作［例如《失明的猫头鹰》（*The Blind Owl*），波斯语：*Buf-e-Kur*］中批评了伊斯兰教对波斯人生活的影响，这导致他受到迫害并最终于 1951 年在巴黎自杀。赫达亚特的作品在 2006 年被艾哈迈迪·内贾德政权封杀，类似作家同样遭到封杀，

图51　鲁斯塔姆悲痛地跪在正在死去的索拉布面前，1649年《列王纪》
手抄本插图

许多作家被迫流亡欧洲或美洲。因此,对宗教统治者的任何批评都必须小心处理或加以掩饰。

同样,电影导演及制片人们不得不在禁令与审查的雷区中小心行事,因为不同的政权往往会有不同的审查制度。令人惊讶的是,在伊朗国内封锁以性和暴力为主题的西方电影背景下,一些电影却凭借对简单的生活和诗情画意般人性的刻画,获得了国际电影节大奖,这些电影通常着重描绘伊朗男权社会下的女性和儿童角色。比如阿巴斯·基亚罗斯塔米(Abbas Kiarostami)这样的出色电影人也被迫流亡海外。他创作的电影《樱桃的滋味》(*Taste of Cherry*,1997)讲述了一个想要自杀的人寻找其他人来帮助他完成自杀计划的故事,这部作品中充满了对生命及伊斯兰教法的疑问。同样,萨米拉·马赫马尔巴夫(Mohsen Makhmalbaf)的电影《苹果》(*The Apple*,1998)讲述一对双胞胎姐妹的故事,大胆地表现了社会不公及性别歧视的现象,片中姐妹的父亲是一个极端保守的人,这对姐妹从出生后就被他关在家中,直到十二岁才接触到世界。这个故事的编剧是导演的父亲莫辛·马赫马尔巴夫。虽然面临重重困难,但伊朗的电影制作人在不丢失个性与民族特色的前提下,进入了一个新的文化领域,并再次成为人们关注的焦点。

总而言之,波斯／伊朗文化最突出的特质就是那种绝对的韧性与活力。尽管出现过无数次压倒性的外来势力、意识形态及文化，但波斯文化作为一个复杂而又独立的存在始终能够保存下来。一方面波斯 / 伊朗文化重视自身丰富的历史，另一方面它又能怀揣着勇气与自信，以一种成熟而又兼具创造性的方式与现实的种种限制妥协。

图 52　今天的波斯波利斯（由大流士一世在公元前 518 年建造）

第16章

第一个超级大国？

按照尼尔·麦克格雷格（Neil MacGregor）的说法，波斯是
"2500 年前的世界超级大国"，第一位万王之王居鲁士"建
立了世界上前所未有的超级大帝国，并且永远地改变了世界……"[1]
然而，波斯帝国建立在中东地区早期不同帝国的基础之上，耗费了
波斯人大量人力、物力才得以建立。但是，波斯人这样评价自己建
立的帝国：它为世界带来了和平与秩序。波斯统治者允许自己的臣
民保留自己的宗教、语言和普通的文化机构，只要他们忠于波斯帝
国且不破坏帝国和平。波斯人构成了帝国的贵族阶层，拥有自己的
宗教与文化，这使他们有别于被统治的民族，而波斯人完全准备好
了延续这种差异。他们认为自身的文化特质是其成功最重要的原
因，其中宗教就是典型的例子。正如我们从历史中看到的那样，琐
罗亚斯德教的神阿胡拉·马兹达总是在波斯人的超级大国行动中扮
演核心角色。

　　阿诺德·汤因比认为，波斯人在帝国时代的巨大成功表明，
他们一定是"被赋予了统治天下的天赋与素养"。[2]迈克尔·阿克
斯沃西用"帝国思维"来形容波斯人所具备的这种天赋。[3]麦克格
雷格则认为"精神状态"（state of mind）是更加准确的描述，因为
阿契美尼德人致力于建立最强大且经久不衰的伟大帝国。实际上，
波斯人设计出的国家在许多方面都以类似联邦制的模式在运作，
因此，这个国家可以说是创造了历史纪录中的第一个"普世帝国"

（universal empire），同时也是历史纪录中第一个"多民族联邦共和国"。[4]

阿契美尼德人建立了一个以陆军力量为基础的强大帝国，因此他们的主要交通方式以陆路为主。他们成功地击败了古代世界其他强国，建立了自己的"世界帝国"，其版图覆盖了中东大部分地区，将中东地区各古代文明融合在一起。然而，尽管波斯人做过许多尝试，但却从未成功将地中海周边的海洋民族纳入自己的统治中。虽然波斯陆军十分强大，但海军却非常羸弱，因此他们越来越多地依赖海洋民族，比如爱奥尼亚希腊人与腓尼基人，虽然击败了这两个民族，但他们始终无法击败希腊半岛以及爱琴海岛屿上的希腊人。阿契美尼德时期，希腊人控制了地中海东岸的大部分地区。

波斯人与希腊人之间的冲突是世界古代史上的一个经典话题，如果我们从宏观的历史视角分析，这场冲突对此后几个世纪的世界舞台产生了巨大影响。地缘政治学家哈尔福德·麦金德（Halford Mackinder）[1] 将波斯与希腊之间的冲突看作地缘政治格局的开端，

---

[1] 哈尔福德·麦金德（1861—1947 年），英国地理学家与地缘政治学家，以地球的地缘政治学概念而闻名。1904 年他在英国皇家地理学会（RGS）作题为《历史的地理枢纽》的讲演，提出陆心说（即心脏陆地说）。他把欧亚大陆和非洲合称为"世界岛"，把世界岛最僻远的地方称为"腹地"。1919 年，他的思想被归纳为三句名言："谁统治了东欧，谁就统治了大陆腹地；谁统治了大陆腹地，谁就统治了世界岛；谁统治了世界岛，谁就统治了世界。"

这种格局将成为未来世界历史的潜在主题——海权与陆权的对抗。在 1904 年完成的文章中，麦金德讨论了 20 世纪初的两个帝国的状况，它们分别是大英帝国与沙皇俄国。[5] 因为大英帝国是海权力量，而沙皇俄国是陆权力量，麦金德认为二者的交锋将是海权力量与陆权力量之间冲突的最新演义。

在麦金德的文章中，他使用"陆地人"（Landsmen）与"海洋人"（Seamen）这样的名词来强调双方在地理意义上的需求是不同的。当陆地人遭遇海洋人时，他们会发觉自己身处的海洋环境极具挑战，而海洋人在遭遇陆地人时也会有相同的感觉。[6] 麦金德提出的另一个一直贯穿于世界史的主题，是陆地人更倾向于成为主动进攻的一方。按照他的说法，那些居住在"世界岛"（他在这里指的是中亚）的人喜欢攻击那些居住在海洋边缘的人。相比陆地人，海洋人更容易变得富有，所以他们对生活环境潜力较低的陆地人来讲极具吸引力。波斯人企图将希腊人纳入帝国的版图，从而发动了对希腊的战争，这是关于麦金德理论最早的例子，同时也是陆地力量试图征服海洋力量却以失败告终的第一例。[7]

但是，正如我们在第 8 章中讨论的那样，马其顿的亚历山大击败波斯人后，在帝国内部实行希腊化政治、经济与文化规范时，事情的发展却和麦金德的理论完全背道而驰。虽然希腊化的海权力量能够在一定时期内支配波斯的陆权力量，而在阿契美尼德帝国灭亡后，希腊秩序也开始遍及各地，但达成这项成就的其实并不是单一的海权力量，而是陆权力量与海权力量的结合。马其顿人虽是陆地民族，但他们受到希腊文明的强烈影响，并将自己看作脆弱希腊世界的守护者与组织者。

希腊化的世界秩序并没有一直延续下去，公元 2 世纪，第二个波斯帝国——萨珊帝国出现了。此时，地中海的主导权已经从希腊人手中转移到罗马人手中，因此，波斯人与罗马人的冲突成为地中海与中东地区在接下来的几百年中的焦点，这种地中海势力与中东势力之间的对立，一直延续到伊斯兰征服时期。

尽管伊斯兰征服带来了巨大的宗教与文化的变革，但是海洋—陆地的对立仍然在延续，一开始是阿拉伯—欧洲人，然后是土耳其人—伊比利亚人。正是这种海洋—陆地的对立，将地中海及中东地区的冲突上升到全球性的高度。

陆地—海洋的冲突可以看作世界历史舞台上的永恒主题，因此，介于陆地与海洋之间地区的重要性，在很多方面都会随着时间的推移而越发明显。麦金德将这片区域称为"内部边缘新月地带"（Inner Marginal Crescent），但近年越来越多地被称作"边缘地带"（Rimland）。这一区域拥有广大的土地，包括大部分欧洲大陆及中东地区。伊朗是这片区域的一部分，因此从地缘政治角度来看，伊朗目前的地位与其早先作为陆权力量代表时期相比大相径庭。处在边缘地带的国家，比如法国和德国，都是"陆地导向"的国家，但在历史中却屡次将目光投向海洋，以此作为额外的力量来源。

当前中东地区充满了地缘政治复杂性。公元前5世纪波斯帝国所统一的地区，在今天分裂成若干个国家且互相敌对。与此同时还有一些独立的城邦国，每一个国家都在强调自己拥有与众不同的认同感。这种地缘政治的复杂性实际上是由20世纪初帝国之间的敌对造成的，这种敌对导致很多完全不具备真正认同感的国家开始出现。这些所谓的"认同感"，尤其是在阿拉伯世界中，完全没有说服力。阿拉伯国家现有的国境线，是各个帝国划定的，与地理、人文等因素并无太大关联。因此，21世纪的中东地区爆发了很多冲突，这些冲突的发生大多与此相关。

这些中东国家中，伊朗是唯一一个无可争议地拥有明确认同感的国家，这种认同感以各种各样复杂的方式建立在它的历史之上，尤其是波斯的古代文明。伊朗拥有建立在广泛文化特色基础上的强烈的民族主义情感，这点毫无疑问，末代沙王甚至曾经试图将这种民族主义情感转化成古代波斯帝国的重生。在今天的伊朗伊斯兰共和国中，这种历史上的认同感已经与伊斯兰教什叶派紧密地结合在一起。

在两个世纪内，阿契美尼德人便统一了古代世界，并为后来那些试图用统一带来和平的力量做出了表率。然而，尽管阿契美尼德人对宗教有着很高的宽容度，但这点却没有被后来的各个帝国所效仿。从罗马帝国开始，接下来各个帝国采用的政策，都是在某一种被选定文化的基础上采取高度同化的做法。这与古代波斯人所追求的体系有着天壤之别。因此，我们可以说，波斯人建立了一个与众不同的帝国。

在很多方面，阿契美尼德人都可以被看作 21 世纪"后帝国主义"（post-imperial）世界的典范。古代人眼中的"全世界"其实只是现实世界中很小的一部分，当前全球化的进程不断推进，这要求我们必须创造一种视野更加宏大的结构，建立起与之相匹配的更有效率的世界体系。全世界巨大的文化差异性，决定了像罗马这样统一的帝国模式将被排除在外，但类似于波斯模式中的合作统一却依然有着现实意义。波斯人建立的帝国旨在带来和平、促进古代世界经济不断蓬勃发展，与此同时还能保证不同宗教、文化和谐相处。这种形式为相关各民族带来了一种与众不同的认同感，对这些民族来讲，他们绝对不仅仅是被吸收到了一个强制统一文化的陌生多民族国家中。为了能够应付 21 世纪后帝国主义的各种全球性事务，皇帝需要穿上新的外衣。[8]

政治科学家伊曼纽尔·沃勒斯坦（Immanuel Wallerstein）相信，15—20 世纪，世界性的帝国是全球地缘政治舞台上的主角；到了 20 世纪末，所谓"世界—经济"（world-economy）将成为这些帝国的"新衣"。他断言道："与世界性帝国不同的是，世界—经济并不具备一种普遍的政治结构。事实上，它已经广泛遍布世界每一个角落，不但吸取了当代各种世界性帝国因素，而且还创造出了一个事实上单一的世界体。"[9]

如果沃勒斯坦的分析有一定道理的话，那么按照他的逻辑，阿契美尼德帝国不仅仅被视为未来世界帝国的标杆，还被看作新世界体系中继任者的榜样。如果要将21世纪初复杂而又暴力的世界转化成一个更加和平的世界，那么这个主导了古代世界长达两千年之久的伟大帝国——阿契美尼德帝国，仍然能够证明自己有很多东西可以为人类的未来提供借鉴意义。

结论：权力与天堂？

古波斯文明与居鲁士大帝的联系非常紧密，如果我们想要找到阿契美尼德帝国的地理心脏地带，只需要将目光投向帕萨尔加德即可。在这里，波斯人取得了对米底人的伟大胜利，使波斯人开始成为中东地区的主导力量，胜利者也将自己的陵墓建造于此。几个世纪以来，许多能力出众的帝王——从亚历山大大帝到末代沙王，以及伊朗伊斯兰共和国最高领袖阿亚图拉·霍梅尼，都对居鲁士大帝表现出了极大的尊敬。帕萨尔加德是居鲁士选择的首都，不论后来波斯政权由谁把持，居鲁士以及他在帕萨尔加德的陵墓总是受到统治者的尊敬。

如今，每年有大量的游客参观居鲁士陵墓，之后他们也会顺便去居鲁士的继任者大流士的陵墓参观。曾经围绕在陵墓周围的波斯花园已经消失，只留下宏伟而又孤零零的陵墓伫立在帕尔斯干旱的平原上。当然，居鲁士的陵墓也并非完全是孤零零的，在通往陵墓的一条道路边上有一所男子高中。学校门口有一个示意牌，上面用英文写着："欢迎来到游吟诗人、信徒、哲学家及英雄的土地。帕萨尔加德高中。"这个示意牌清楚地表明现代伊朗对古代遗产的态度。文化遗产将伊斯兰共和国的年轻人与数千年来的波斯/伊朗文明成就联系在一起。诗人、信徒、哲学家和英雄被看作这个国家辉煌而悠久历史的一部分。人们认识到，包括诗人们在内的所有先祖，都为伊朗认同感的产生做出了特殊的贡献。

今日的伊朗虽然是一个伊斯兰共和国，但是在该国历史上的不同时期，有很多其他观念和意识形态曾占据主流。尽管存在各种各样的观念与意识形态，但潜藏在这些观念与意识形态之下的是一种认同感，这种认同感强调伊朗本身及其独特的个性。这种认同感体现在阿契美尼德王朝官方宗教——琐罗亚斯德教中。在之后的伊斯兰教什叶派中，人们同样可以感受到这种类似的认同感，波斯人的角色及观念在很多方面对伊斯兰教什叶派产生了重要影响。霍梅尼革命以来，学者们进一步探讨了这种本土贡献对伊斯兰教的重要性。帕特里西亚·克罗尼最新的研究和"本土传教者"（nativist prophets）有关，这项研究特别强调了这个群体在将"伊斯兰波斯"转化成"波斯的伊斯兰"过程中的重要性。她的论文还提到了伊朗当地的本土传教者对阿拉伯人征服的抵抗，并且塑造了一种独特的伊斯兰文化，这种文化显然符合波斯民族主义的诉求。

居鲁士大帝的陵墓和帕萨尔加德高中在帕尔斯平原上距离非常近，在时间上却相隔超过两千年。尽管这个国家已经发生了翻天覆地的变化，但它们却毫无疑问地被一种强烈的民族认同感联系在一起。"信徒与哲学家"，包括诗人在内，在该国悠久的历史中提供了一种团结的意识，这意味着对多元文化的接受。这种接受可能在某个特定的时期并不是那么明显，但从宏观历史背景下来看则非常清晰。

图 53　在居鲁士陵墓参观的伊朗游客

图 54　帕萨尔加德高中

为了解释这种多元性，我们可以从相同的地理空间内两个不同的名称来观察——也就是"波斯"与"伊朗"。随着时间的推移，每个名字都呈现出一个完全不同的画面。迈克尔·阿克斯沃西将其称作"矛盾"："波斯的名称所呈现的画面是浪漫，是精致花园中的玫瑰与夜莺……闪烁着珠宝般绚丽色彩的地毯，诗歌与动人的音乐。"与此相对的，尤其是在现代媒体中，"伊朗所呈现的是另外一种完全不同的画面：是皱着眉头的宗教老师，黑色的石油，黑色面纱之下的面容，极端人群焚烧国旗，口中高喊'去死'"。[1]

然而，这两种画面其实并不互相矛盾，这种多元的结合也许是伊朗最杰出的个性。这也揭示了古代文明是如何在历史上一次又一次地迷失，又如何一次又一次地被持有不同观念的人重新找回。20世纪80年代，造访了波斯波利斯与帕萨尔加德后，阿亚图拉·霍梅尼说道："虽然已经过去了上千年，但这些遗址仍然是人类奇观。"此外，他还提到这些遗址是一个大宝库，我们可以从中看到历史与人性。阿亚图拉是在一个宏观的历史大背景下说出这番话的，在这样的背景下，我们可以了解隐藏在复杂性中各种清晰的主题。

伊朗这个国家的根基也许在遥远的过去，但这些与根基相关的东西，为历朝历代国家框架的建立奠定了坚实的基础。正是以这种方式，一种独特的伊朗认同感，在世界上最动荡的地区被保存下来。

注 释

第 1 章　起源：土地与人民

1. 西方最早的梵文翻译出现于 18 世纪，以安奎蒂尔·杜伯龙（Anquetil Duperron）翻译的《阿维斯塔》为代表。他的工作被威廉·琼斯爵士所继承，他是一名法官，供职于印度司法系统。威廉·琼斯爵士热衷于比较文献学研究，提出了被后人称为"印欧"（Indo-European）或"雅利安"（Aryan）的语言概念。

2. John Keay, *India: A History* (London, 2000), p. 21.

第 2 章　阿契美尼德王朝

1. 公元前 597 年，耶路撒冷被巴比伦王尼布甲尼撒二世攻占。他俘虏了大量犹太人，并将他们囚禁起来当作奴隶，史称为"巴比伦之囚"。公元前 538 年，居鲁士击败巴比伦王子伯沙撒后，释放"巴比伦之囚"，犹太人得以返回故土。此做法后来就被世人看作居鲁士的一项美德之举，因此居鲁士在《圣经》中被描绘成正义的化身。

2. 梵甘·科尼什（Vanghan Cornish）所说的"前锋"首都，是用作未来向西进攻的突击堡垒或抵御强大的敌人。见 Vanghan Cornish, *The Great Capitals: An Historical Geography* (London, 1923) 及本书第 9 章注释。

3. 关于居鲁士的死亡有很多不同说法。详见第 4 章。

4. Herodotus, *The Histories, trans. A. de Selincourr, revd J. Marincola* (London, 1996).

我们对于波斯人的了解，基本上都来自他们的敌人希腊人，但这并不意味着波斯人因此被抹黑，相反，希腊人对波斯人大加赞赏，希罗多德对波斯人的评价常常好过对希腊人的评价。

5. 这里出现的希腊语词汇 "oikoumene" 本意是"人类的栖息地"。汤因比所说的"旧世界的统治"指的是地中海—中东地区，他把这一地区看作是拥有历史统一性的地区。见 Arnold Toynbee, *Mankind and Mother Earth: A Narrative History of the World* (London, 1976), *Chapter 4*。在现代，"oecoumene"或"ecumene"这两个词被用来指代人类居住的世界中心，这里说到的强权国家是指主导了这个地区的国家。见 Geoffrey Parker, *The Geopolitics of Domination* (London, 1988), pp. 9-10。

6. Herodotus, *Histories,* p. 417.

7. G. Regan, *Battles that Changed History* (London, 2002), p. 11.

第3章　阿契美尼德王朝的成就

1. Arnold Toynbee, *Mankind and Mother Earth* (London, 1976), p. 184.

2. Herodotus, *The Histories, trans. A. de Sélincourt, revd J. Marincola* (London, 1996), p. 533.

3. R. N. Sharp, *The Inscriptions in Old Persian Cuneiform of the Achaemenian Emperors, Central Council for the Celebrations of the 25th Century of the Foundation of the Iranian Empire* (Tehran, 1971), p. 96.

4. Neil MacGregor, *A History of the World in 100 Objects* (London, 2010), pp. 165–70.

5. Herodotus, *Histories,* p. 588.

第4章　居鲁士大帝的历史与传说

1. Herodotus, *The Histories, trans. A. de Sélincourt, revd J. Marincola* (London, 1996), p. 3.

2. 还有一个版本，克罗伊斯在受火刑时，突然刮来一阵风吹灭火焰，居鲁士将其看作释放克罗伊斯的预兆。

3. 希罗多德所说的阿拉克斯河在古代通常被称为奥克斯河（Oxus）。波斯人的影响向北扩张到雅利安人最初向外扩张的地方。今天这条河被称为阿姆河，它发源于天山，流入咸海，是中亚地区大型河流盆地——河中地区的一部分。

4. A. Baehrens, *Poetae Latini Minores* (Leipzig, 1883), Vol. Ⅴ, p. 402.

5. 与希罗多德不同，埃斯库罗斯的《波斯人》描述的是当时发生的事情。据说他本人参加了马拉松战役，可能还参加了萨拉米斯海战。这说明他是这些历史事件的亲身经历者，因此他对波斯人的态度，反映了当时希腊人对波斯人的普遍态度。

6. Aeschylus, *'The Persians', trans. S. G. Benardete, in The Complete Greek Tragedies, ed. David Grene et al.,* Vol. Ⅰ (Chicago, il, 1956).

7. Quoted in J. Curtis, *Ancient Persia* (London, 2013), p. 41.

8. Arthur M. Young, *Echoes of Two Cultures* (Pittsburgh, pa, 1964), p. 12.

9. G. L. Hunter, *The Practical Book of Tapestries* (Philadelphia, pa, 1925), p. 226.

10. Young, *Echoes of Two Cultures,* p. 54.

第 5 章　波斯波利斯：城市、王位与权力

1. 详见第 15 章有关《列王纪》内容。

2. J. Gloag, *The Architectural Interpretation of History* (London, 1975), p. 58.

3. R. N. Sharp, *The Inscriptions in Old Persian Cuneiform of the Achaemenian Emperors, Central Council for the Celebrations of the 25th Century of the Foundation of the Iranian Empire* (Tehran, 1971), p. 87.

4. W. H. Forbis, *The Fall of the Peacock Throne* (New York and London, 1980), p. 57.

5. Sharp, *Inscriptions in Old Persian Cuneiform,* p. 87.

6. J. Hicks, *The Emergence of Man: The Persians* (New York, 1975), p. 28.

第 6 章 《查拉图斯特拉如是说》：宗教与帝国

1. 琐罗亚斯德出生地不确定，很多地方都宣称是他的出生地，例如西边的阿塞拜疆，北边的河中地区。

2. 为了处理琐罗亚斯德教中的善与恶，祖尔万教被开发出来，这一教派在萨珊帝国时期极具影响力。

3. 密特拉与密特拉教是在阿契美尼德王朝结束后，与罗马多神融合才广为人知。罗马帝国时期，密特拉教在罗马军队及军事活动中十分流行。19 世纪 50 年代，考古学家在伦敦发掘了一座密特拉神殿，时至今日，我们对密特拉的知识大多来源于这次考古发掘。

4. R. Ghirshman, *Iran* (London, 1954), p. 162.

5. 阿里亚拉姆尼斯的金板收藏在柏林的贝加蒙博物馆。

6. *Inscription at Persepolis, translated by R. N. Sharp in The Inscriptions in Old Persian Cuneiform of the Achaemenian Emperors, Central Council for the Celebrations of the 25th Century of the Foundation of the Iranian Empire* (Tehran, 1971).

7. Paul Kriwaczek, *In Search of Zarathustra* (London, 2002), pp. 26–30.

第 7 章　失乐园

1. 雅利安人后来成为对当时中亚各民族的统称。这个词实际上是梵文，意思是高贵的出身或出身贵族。在印度背景下，这暗示了雅利安人是征服者，他们迅速统治了南亚土著民族。语言学的证据表明雅利安人和罗马人以及西南亚很多移民都有很近的关系。20 世纪，这个词和当时普遍存在的种族主义联系在一起。

2. D. R. Lightfoot, '*The Origin and Diffusion of Qanats in Arabia: New Evidence from the Northern and Southern Peninsula*', *Geographical Journal*, clxvi/3 (2000).

3. Ronald King, *The Quest for Paradise: A History of the World's Gardens* (Weybridge, 1979), p. 21.

4. 古波斯文中 "pairidaēza" 一词源于 "pairi"（围绕）与 "daēza"（墙）。

5. *Encyclopedia of World Religions* (London, 1975), p. 174.

6. Xenophon, *Oeconomicus, Book iv, trans. E. C. Marchant* (Cambridge, ma, 1923).

7. King, *Quest for Paradise,* p. 25.

8. Ibid., p. 22.

9. Paul Kriwaczek, *In Search of Zarathustra* (London, 2002), p. 8.

10. Lightfoot, '*Origin and Diffusion of Qanats in Arabia*'.

第8章 马其顿的亚历山大及希腊化

1. G. Regan, *Battles that Changed History: Fifty Decisive Battles Spanning Over 2,500 Years of Warfare* (London, 2002), pp. 18–19.

2. Ibid., p. 20.

3. Arnold Toynbee, *A Study of History,* Vol. Ⅴ (Oxford, 1939), pp. 47–58.

4. 索格底亚纳人居住在河中地区上游，他们被居鲁士征服。阿契美尼德时期，他们被纳入波斯统治范围，并且受到波斯文化影响。他们与波斯人的关系很像马其顿与希腊人的关系。

5. 关于亚历山大英年早逝有很多著名说法。我们几乎可以确定，当他来到巴比伦后，喝了很多酒，这对健康非常不利。此后，他开始发烧并且没有恢复。还有一种说法是他死于被人投毒。无论如何，他的死意味着将整个古代世界纳入希腊文化统治的幻想破灭了。T. Gergel, ed., *Alexander the Great: Selected Texts from Arrian, Curtius and Plutarch* (London and New York, 2004), pp. 137–45.

6. Ibid., p. 143.

7. Geoffrey Parker, *Sovereign City: The City State Through History* (London, 2004), pp. 53–54.

8. Ibid., p. 56.

9. Ibid., p. 50.

第 9 章　帝国复兴：萨珊王朝

1. Geoffrey Parker, *Power in Stone: Cities as Symbols of Empire* (London, 2014), Chapter Three.

2. Vaughan Cornish, *The Great Capitals: An Historical Geography* (London, 1923), pp. 36–59.

科尼什提出了"前锋首都"的理论，这样的首都靠近危险的前线，位于直接开展军事行动的前线地区。如果向前推进得到更多领土，那么首都会继续迁移到更靠近前线地区，这种首都的迁移，有时甚至会迁入到对手仍然拥有的领土上。

3. "米底人与波斯人的法律"曾是阿契美尼德帝国最主要的统治手段之一。米底人是波斯人建立帝国的导师，拥有一个具有普遍性的法律系统是一个帝国需要考虑的核心事务。

4. 施里芬计划是第一次世界大战前由德国参谋长冯·施里芬将军制定的。德国有面临东西两线作战的可能，因此先将矛头对准实力较弱的法国，后将主要力量向东转移，对付更强大的俄国。但是与施里芬错误的选择不同，沙普尔一世做出了正确的选择。

5. "圣地"是政治地理中常用术语，用来描述对一个民族来讲有着十分特殊情感联结的地方。通常来说，这是该民族最初的家园，虽然这个地方现实意义不再重要，但是还具有特殊的历史与文化意义。

6. R. N. Sharp, *The Inscriptions in Old Persian Cuneiform of the Achaemenian Emperors, Central Council for the Celebrations of the 25th Century of the Foundation of the Iranian Empire* (Tehran, 1971), p. 96.

7. 摩尼教是先知摩尼的宗教，他在萨珊人战胜帕提亚人之前不久出生在泰西封附近的一个基督教家庭中。他传播的宗教，很像是基督教、佛教与琐罗亚斯德教的结合。然而该宗教的主要教义，类似正邪对抗、光明与黑暗，毫无疑问来自琐罗亚斯德教传统。

第 10 章　伊斯兰化的波斯与波斯化的伊斯兰教

1. 这种情况与 11 世纪诺曼人入侵英格兰的情形十分相似。他们继承了盎格鲁—撒克逊人的财富和土地，并以这种方式成为统治阶级。由于他们的行动得到了教宗的支持和肯定，因此这场征服带有宗教色彩。盎格鲁—撒克逊文化得以保留，最终发展成英语文化。

2. Alessandro Bausani, *The Persians, trans. J. B Donne* (London, 1971), pp. 71–72.

3. Geoffrey Parker, *Power in Stone: Cities as Symbols of Empire* (London, 2014), pp. 48–49.

4. 舒比亚运动在神学领域与知识领域时常引发争论，有时被看作是更广泛意义上的民族主义雏形。按照吉布（H. A. R. Gibb）的说法，舒比亚运动所提出的最大问题就是波斯在伊斯兰教中的地位。他认为争论在于：伊斯兰社会究竟是吸收了阿拉伯与伊斯兰元素的旧波斯—阿拉玛文化的再现，还是一种从属于阿拉伯传统和伊斯兰价值观下的波斯—阿拉玛文化。舒比亚运动的奋斗目标是再现历史上的波斯文化。详见：H.A.R. Gibb, 'The Social Significance of the Shuubiyya', in Studia Oriental Ioanni Pedersen (Copenhagen, 1954), p. 108。

5. 十字军所用的"Assassin"一词源于阿拉伯文"Hashshasbin"，意思是吸印度大麻的人。这种东西可能不仅用在仪式中，或许还被执行暗杀行动的刺客所用，使他们达到合适的精神状态。

第 11 章　从波斯波利斯到撒马尔罕：中亚地区的波斯遗产

1. 在阿契美尼德帝国初期，居鲁士就非常担心北方边境的安全。为了确保北方的稳定，他入侵了中亚。正因如此，他才与马萨革泰人作战。这件事可以看出危险总是来自这个方向。

2. 丝绸之路并非是一条路，而是连接欧亚大陆东西两端许多条商路的总称。很多中亚统治者都希望商贸路线能够通过他们的领土，这些路线中最繁荣的部分就位于河中地区。

3. 实际上，突厥人在公元 8 世纪初就开始和阿拉伯人接触并很快皈依伊斯兰教。正是突厥人将伊斯兰教带到中国，并且巩固了伊斯兰教在中亚的地位。萨曼人统治时期，伊斯兰教已经完全进入整个地区。

4. H. M. Said and A. S. Khan, *Al Biruni, His Times, Life and Works, Hamdard Foundation* (Karachi, 1981), p. 47.

5. 阿拉伯语是《古兰经》的语言，因此在整个伊斯兰世界人们都需要学习阿拉伯语。在学校里所有的宗教内容都用阿拉伯语教学，因此，阿拉伯人征服后，波斯语变成只在家庭内部和日常活动中使用的语言。

6. 伊丽莎白时代的英国人对帖木儿的了解来自马洛的戏剧《帖木儿大帝》。

7. 关于帖木儿与克拉维霍的很多资料都来自外国旅行者的记录，也有一些外交人员的记录。克拉维霍提供的资料最多。

8. J. Ure, *The Trail of Tamerlane* (London, 1980), p. 170.

9. W. H. Forbis, *Fall of the Peacock Throne* (New York and London, 1980), p. 65.

10. Ure, *The Trail of Tamerlane,* p. 191.

11. J. Marozzi, *Tamerlane: Sword of Islam, Conqueror of the World* (London, 2004), p. 33.

12. Quoted ibid., p. 201.

13. Luc Kwanten, *Imperial Nomads: A History of Central Asia, 500–1500* (Philadelphia, pa, 1979), p. 268.

14. Marozzi, *Tamerlane,* pp. 210, 277.

15. R. Grousset, *A History of Asia, trans. D. Scott* (New York, 1963), p. 88.

第 12 章　乐土：印度地区帖木儿到莫卧儿时期的波斯遗产

1. C. Irving, *Crossroads of Civilisation: 3,000 Years of Persian History* (London, 1979), p. 71.

2. George Curzon, quoted in J. Marozzi, *Tamerlane: Sword of Islam, Conqueror of the World* (London, 2004), p. 222.

3. R. Grousset, *A History of Asia, trans. D. Scott* (New York, 1963), pp. 89–90.

4. Quoted in K. Hopkirk, Central Asia: A Traveller's Companion (London, 1993), p. 163.

5. V. A. Smith, *The Oxford History of India, ed. P. Spear* (Oxford, 1982), p. 320.

6. 尽管帖木儿王朝继承了很多波斯文化遗产，但是巴布尔一直将自己看作突厥人。《巴布尔之书》本来是用突厥语写的，后来他的儿子胡马雍将其用波斯字母转写，后来又在巴布尔之孙阿克巴时期被翻译成波斯文。最早的英文翻译是约翰·莱登和威廉·埃尔斯基纳在 1836 年完成的。

7. Geoffrey Parker, *Power in Stone: Cities as Symbols of Empire* (London, 2014), pp. 108–109.

8. Ibid, p. 110.

9. J. Keay, *India: A History* (London, 2000), pp. 311–315.

10. 德里所在地在千年来修建过许多城市，所以德里被称为"七城"。实际上，城市的数量超过七座，而且每一个城市都代表一个特定的政权或帝国。Parker, *Power in Stone, Chapter Six.*

11. L. Nicholson, The Red Fort, Delhi (London, 1989), p. 80.

12. François Bernier, *Travels in the Mogul Empire, ad 1656–1668 [1670], trans. A. Constable* (Oxford, 1916), pp. 60–70.

Keay, India, pp. 310–311.

维多利亚时期，在英国人的地理知识中，"东方"具有同质性，并与"西方"相区别。这种观念可以在吉卜林（Rudyard Kipling）的诗歌《东方西方叙事诗》中体现出："东方就是东方，西方就是西方，它们永不交汇——直至天与地并立于上帝伟大的审判席前。"这一套东西方观念被后殖民理论学者重新阐释，如爱德华·萨义德（Edward Said）的著作《东方学》（*Orientalism*）（London, 1978）。

13. 末代国王下台后，孔雀王座被从皇宫中移出，现藏于伊朗国家银行地下仓库，不对公众开放参观。

第13章　携带金黄鱼子酱的居鲁士：向第一个王朝致敬的末代王朝

1. 科松将波斯看作"统治世界大棋盘上的一枚棋子，大英帝国的未来……关键不在欧洲，甚至不在英国国旗无所不在的大洋中，也不在被后代口中称赞的大英帝国，而是在我们移民最先抵达的大陆，这些移民的后代成为印度的征服者，没有印度的话，大英帝国将不复存在。"

G. N. Curzon, *Persia and the Persian Question* (London, 1966), p. 10.

2. 人们知道波斯存在石油已有上千年历史，因为琐罗亚斯德教的火寺中燃烧的物质就是石油。石油的易燃性及燃烧持久性，使其在这个宗教中扮演重要的角色。

3. 选择巴列维作为王朝的名称，很明显是要唤起前伊斯兰时期波斯的记忆。帕提亚时期，他们的语言被称为"Pahlavanik"，意思是英雄的，该语言也存在于萨珊时期。这种与众不同的中古波斯语与阿契美尼德时期古波斯语不同。这个词在现代波斯语中是"Pahlavan"，意思是英雄或勇敢的人。

4. W. M. Shuster, *The Strangling of Persia* (London, 1912).

摩根·舒斯特是一名美国政府的波斯事务顾问。他十分厌恶大英帝国对待波斯的政策。这种态度是美国成为世界大国的结果，他的著作对美国制定对待波斯新王朝的政策上起到了巨大作用。

5. 20 世纪早期，种族主义观念传播得很广。在欧洲，尤其是德国，种族主义最糟糕的反映就是反犹主义，这最终也导致了第二次世界大战期间的大屠杀。礼萨·沙对自己国家的孱弱而感到羞耻，因此他希望找回往日的辉煌。在这样的大环境下，他被伊朗人是雅利安人的种族主义所吸引，这点并不会让人惊讶。

6. John A. Boyle, *Persia: History and Heritage* (London, 1978), p. 64.

7. J. Lowe et al., *Celebration at Persepolis* (Geneva, 1971), quoted in Patrick Clawson and Michael Rubin, *Eternal Iran: Continuity and Chaos* (New York, 2005), p. 78.

8. Paul Kriwaczek, *In Search of Zarathustra* (London, 2002), p. 171.

9. Michael Axworthy, *Iran: Empire of the Mind* (London, 2008), p. 256.

10. Quoted in Kriwaczek, *In Search of Zarathustra*, p. 11.

11. 这场盛典的花费无疑是巨大的，据说高达两亿美元。与其说是为了庆祝巴列维王朝统治下的荣耀回归，不如说是掏空了国库，是王朝开始灭亡的标志。

James A. Bill, *The Eagle and the Lion: The Tragedy of American–Iranian Relations* (London, 1988), pp. 133–134.

第 14 章　从沙亚德到阿扎迪：伊斯兰共和国与古代遗产

1. Patrick Clawson and Michael Rubin, *Eternal Iran: Continuity and Chaos* (New York, 2005), pp. 99–100.

2. Koorosh-e Kamali-e Sarvestani, *Fars, Foundation for Fars Province Studies, trans.* R. Parhizgar (Shiraz, 1996), p. 7.

3. M. Rastegare Fasai, *Farsnameh, Ebn-e Balkhi* (Shiraz, 1995), pp. 50–51.

4. Sarvestani, *Fars,* p. 10.

5. S. A. Khamene'i, *Takhte-Jamshid (Persepolis), Iranian Cultural*

Heritage Organisation (1988), pp. 1–2.

6. Quoted in Lindsey A. Allen, *The Persian Empire* (London, 2005), p. 184.

7. L. P. Elwell-Sutton, 'The Pahlavi Era', in *Persia: History and Heritage,* ed. *John A. Boyle* (London, 1978), p. 64.

第 15 章 在翻译中迷失?

1. 词汇上的相似性证明了这些语言之间的亲缘关系。这些词包括 "pedar"（father）,拉丁文是 "pater"; "dokhta"（女儿）,德语是 "Tochter"; "tondar"（打雷, thunder）; "madar"（妈妈）和 "mordan"; 及法语 "mort"（死亡）。

2. Paul Kriwaczek, *In Search of Zarathustra* (London, 2002), pp. 36–45.

3. John Curtis, *Ancient Persia* (London, 2013), pp. 84–87.

4. Roger Stevens, *The Land of the Great Sophy, 2nd edn* (London, 1971), pp. 32–33.

5. Michael Wood, *In the Footsteps of Alexander the Great* (London, 1997), p. 119.

6. Farnoosh Moshiri, *The Drum Tower* (Dingwall, 2014).

7. William Wordsworth, *The Prelude,* Book v (Oxford, 1970); Charles Dickens, *'A Christmas Tree',* Household Words, Extra Christmas Number (1850).

8. 研究《一千零一夜》完整的复杂性、贡献与对后世影响力的著作 包 括：Peter L. Caracciolo, ed., *The Arabian Nights in English Literature* (Basingstoke, 1988), and Robert Irwin, *The Arabian Nights: A Companion* (London, 1994)。

9. 对细密画艺术及细密画艺术家有兴趣的读者，可以去阅读土耳其作家奥尔罕·帕慕克（Orhan Pamuk）的小说《我的名字叫红》，Orhan Pamuk, *My Name is Red, trans. Erdağ M. Göknar* (London, 2001)。

10. Jalal al-e Ahmad, *Occidentosis: A Plague from the West, trans. R. Campbell* (Berkeley, ca, 1984).

第 16 章　第一个超级大国？

1. Neil MacGregor, *A History of the World in 100 Objects* (London, 2010), pp. 165–166.

2. Arnold Toynbee, *A Study of History,* Vol. Ⅴ (Oxford, 1939), pp. 47–48.

3. Michael Axworthy, *Iran: Empire of the Mind* (London, 2008).

4. Brian Dicks, *The Ancient Persians: How They Lived and Worked* (London, 1979), p. 9.

5. H. Mackinder, '*The Geographical Pivot of History*', Geographical Journal, xxiii (1904).

6. H. Mackinder, '*The Seaman's Point of View' and 'The Landsman's Point*

of View', in Democratic Ideals and Reality (London and New York, 1919).

7. 古代世界中更脆弱的海洋民族实际上也被波斯人征服了。安纳托利亚的爱奥尼亚人与地中海东岸的腓尼基人被阿契美尼德人征服并合并在一起。爱奥尼亚人得到了雅典及其近邻的支持，这是波斯人决心打败他们并将他们纳入波斯帝国的主要因素。

8. 在安徒生童话《皇帝的新衣》（1837 年）中，皇帝自以为身上穿着最华丽的衣服，而人群之中一个小男孩说出了皇帝实际上什么都没有穿的事实。这个故事情节可以用来比喻 21 世纪的世界需要有全新的地缘政治理论和概念的外衣。

Geoffrey Parker, *'The Emperor's New Clothes: Radical Alternatives in Contemporary Thought', in Parker, Western Geopolitical Thought in the Twentieth Century* (London, 1985).

9. Parker, *Western Geopolitical Thought,* p. 157.

结论　权力与天堂？

1. M. Axworthy, *Iran: Empire of the Mind* (London, 2008), p. xv..

参考书目

Abrahamian, Ervand, *Iran Between Two Revolutions* (Princeton, nj, 1982).

Allen, Lindsey, *The Persian Empire: A History* (London, 2005).

Arberry, A. J., *Classical Persian Literature* (London, 2004).

—, trans. and ed., *The Rubaiyat of Omar Khayyam* (London, 1949).

—, trans., *Scheherazade: Tales from the Thousand and One Nights* (London, 1953).

Arjomand, S. A., *The Turban for the Crown* (Oxford, 1988).

Axworthy, Michael, *Iran: Empire of the Mind* (London, 2008).

Bausani, Alessandro, *Religion in Iran* (New York, 2000).

—, *The Persians*, trans. J. B. Donne (London, 1971).

Boyce, Mary, *A History of Zoroastrianism* (Leiden, 1975).

Boyle, John A., ed., *Persia: History and Heritage* (London, 1978).

Clawson, Patrick, and Michael Rubin, *Eternal Iran: Continuity and Chaos* (New York, 2005).

Cornish, Vaughan, *The Great Capitals: An Historical Geography* (London, 1923).

Crone, P., *The Nativist Prophets of Early Islamic Iran* (London, 2012).

Curtis, J., *Ancient Persia* (London, 2013).

—, and N. Tallis, eds, *Forgotten Empire: The World of Ancient Persia* (London, 2005).

—, and St J. Simpson, *The World of Achaemenid Persia* (London, 2010).

Curtis, Vesta Sarkhosh, *Persian Myths* (London, 2009).

—, and S. Stewart, eds, *The Birth of the Persian Empire: The Idea of Iran*, vol. I (London, 2005).

Curzon, G. N., *Persia and the Persian Question* (London, 1966).

Dicks, Brian, *The Ancient Persians: How they Lived and Worked* (London, 1979).

Ferrier, R. W., *The Art of Persia* (New Haven, ct, 1989).

Forbis, W. H., *The Fall of the Peacock Throne* (New York and London, 1980).

Frye, Richard N., *The Golden Age of Persia* (London, 1993).

—, *The Heritage of Persia* (London, 1976).

Ghirshman, R., *Iran: From the Earliest Times to the Islamic Conquest* (London, 1978).

Gnoli, Gherardo, *The Idea of Iran: An Essay on its Origins* (Rome, 1989).

Herodotus, *The Histories*, trans. A. de Sélincourt, revd J. Marincola (London, 1996).

Herrmann, Georgina, *The Iranian Revival* (Oxford, 1977).

Hicks, J., *The Emergence of Man: The Persians* (New York, 1975).

Holland, Tom, *Persian Fire: The First World Empire and the Battle for the West* (London, 2006).

Irving, C., *Crossroads of Civilization: 3000 Years of Persian History* (London, 1979).

King, Peter, ed., *Curzon's Persia* (London, 1986).

King, Ronald, *The Quest for Paradise: A History of the World's Gardens* (Weybridge, 1979).

Kriwaczek, Paul, *In Search of Zarathustra* (London, 2002).

MacGregor, Neil, *A History of the World in 100 Objects* (London, 2010).

Martin, Vanessa, *Islam and Modernism* (London, 1989).

Matheson, Sylvia A., *Persia: An Archaeological Guide* (London, 1972).

Olmstead, A. T., *History of the Persian Empire* (Chicago, 1960).

Parker, G., *Power in Stone: Cities as Symbols of Empire* (London, 2014).

—, *Sovereign City: The City State Through History* (London, 2004).

Tapper, Richard, ed., *The New Iranian Cinema: Politics, Representation and Identity* (London, 2002).

Toynbee, Arnold, *A Study of History*, vol. v (Oxford, 1939).

—, *Mankind and Mother Earth: A Narrative History of the World* (Oxford, 1976).

Washington, Peter, ed., *Persian Poems* (London, 2000).

Waters, Matt, *Ancient Persia: A Concise History of the Achaemenid Empire* (Cambridge, 2014).

Wiesehöfer, Josef, *Ancient Persia* (London, 2006).

Wright, Denis, *The English Among the Persians* (London, 1977).

Young, Arthur M., *Echoes of Two Cultures* (Pittsburgh, 1964).

致　谢

　　两位作者在此感谢德黑兰大学和设拉子大学的同仁们的帮助，他们提供了很多与本书有关的资料。感谢本书的责任编辑本·海耶斯（Ben Hayes），尤其是他在图片工作上的大力协助。感谢我们的女儿朱丽·帕克－梅森（Julie Parker-Mason）在本书写作过程中的付出。

　　感谢伯明翰大学和英国文化协会资助乔弗里·帕克多次造访伊朗。

图片提供鸣谢

本书作者和出版社希望在此向以下这些材料的来源者致谢，感谢他们能够让本书使用或复制图片。部分艺术品的收藏地点也在此提供。

Photographs by the author: pp. 21, 33, 39, 46, 62, 63, 65, 68, 71, 76, 77, 100, 103, 106, 129, 143, 144, 154, 165, 190, 191; © Sebastian Ballard: pp. 19, 31; © Getty Images: pp. 158, 159; © Museum Associates/lacma: pp. 42, 66, 151, 173; Library of Congress, Prints and Photographs Division: p. 131; Musée du Louvre, Paris: p. 12; © met: pp. 38, 40, 55, 176; courtesy of the Geographical Journal: p. 83; courtesy of Sotheby's, London: p. 16; nypl: pp. 139, 179.

Marie-Lan Nguyen, the copyright holder of the image on p. 43, has published these online under conditions imposed by a Creative Commons Attribution 2.5 Generic License; WolfgangW, the copyright holder of the image on p. 87, has published these online under conditions imposed by a Creative Commons Attribution 2.5-Share-Alike license; Mike Peel, the copyright holder of the image on p. 47, has published these online under conditions imposed by a Creative Commons – Share Alike 4.0 Unported license; Ggia, the copyright holder of the image on pp. 98 - 9, has published these online under conditions imposed by a Creative Commons License 3.0 Share–Alike; Ekrem Canli, the copyright holder of the image on p. 136, has published these online under conditions imposed by a Creative Commons 3.0 Share–Alike Unported License; F Couin, the copyright holder of the image on p. 182, has published these online under conditions imposed by a Creative Commons – Share Alike 4.0 International license.

读者在以下情况下都是免费的：

• 分享——仅复制、分发和传输这些图像

• 编辑——单独调整这些图像

在下列情况下：

归属权——读者必须在作者和授权方指定的规则下使用图片（但并不意味授权方认可在任何作品中使用）。

重要译名对照

阿巴丹	Abadan
阿巴斯	Abbas
阿布·阿巴斯	Abu Abbas
阿都尔	Adur
阿尔达希尔	Ardashir
阿尔马蒙	Al-Mamum
阿尔塔薛西斯一世	Artaxerxes I
阿尔西斯	Areses
阿格拉	Agra
阿胡拉·马兹达	Ahuramazda
阿克巴	Akbar
阿拉霍西亚	Arachosia
阿拉美语	Aramaic
阿剌模忒	Alamut
阿里曼	Ahriman

奥德修斯	Odysseus
奥尔马兹德	Ohrmazd
奥朗则布	Aurangzeb
巴尔赫	Balkh
巴尔拉斯	Barlas
巴克特里亚	Bactria
巴列维王朝	Pahlavi dynasty
白益王朝	Buyid dynasty
保萨尼亚	Pausanias
贝尔沙·乌苏尔	Bel-Shar-Usur
贝苏斯	Bessus
波斯波利斯	Persepolis
波伊提乌	Boethius
伯里克利	Pericles
伯罗奔尼撒战争	Peloponnesian Wars
布哈拉	Bukhara
布兰达尔瓦扎	Buland Darwaza
查拉图斯特拉	Zarathustra
查理曼尼	Charlemagne
察合台	Chagatai
成吉思汗	Genghis Khan

贵霜	Kushan
哈拉和林	Karakorum
哈利卡那索斯	Halicarnassus
哈桑	Hassan
哈希什	Hshish
汉志	Hejaz
河中地区	Transoxiana
赫拉特	Heart
赫勒斯滂	Hellespont
侯赛因	Husayn
呼罗珊	Khorasan
胡马雍	Humayun
胡齐斯坦	Khuzestan
花剌子模	Chorasmia
霍拉姆丁	Khorramdin
基辅	Kiev
笈多王朝	Gupta dynasty
加尔各答	Calcutta
加尼沙里	Janissaries
加兹尼	Ghaznavids
迦太基	Carthage

卢特沙漠	Dasht-e Lut
马杜克神庙	Temple of Marduk
马基利斯	Majlis
马吉	Magi
马其顿	Macedonia
马萨革泰	Massagetae
马塞利奴斯	Marcellinus
马兹达盖特	Mazdakites
玛斯纳维	Masnavi
满洲	Manchuria
曼丹	Mandane
梅杜斯	Medus
蒙塔扎尔	Muntazar
米底	Medes
密特拉	Mitra
木鹿	Merv
穆哈兰	Muharram
拿波尼度	Nabonidus
纳迪尔沙	Nadir Shah
纳克什—鲁斯塔姆	Naqsh-i Rustam
内沙布尔	Nishapur